기술혁명의 안쪽을 들여다보는 통찰의 시선

4차산업혁명 인사이트

Insights on The Fourth Industrial Revolution

기술혁명의 안쪽을 들여다보는 통찰의 시선

4차산업혁명 인사이트

임일 지음

더메이커

4차산업혁명을 이끌 선도 전략이 필요하다

이민화

KAIST 교수
창조경제연구회 이사장
벤처기업협회 명예회장

　대한민국은 위기다. 주력 산업은 추락하고 있으며, 신산업은 중국의 위협을 받고 있다. 하지만 한강의 기적이라는 인류사에 길이 남을 위대한 혁신을 이룩한 대한민국이 이대로 주저앉을 수는 없지 않은가. 고령화, 개인화, 양극화를 넘어 다시 한 번 대한민국의 저력을 보여줄 국력의 결집이 절대적으로 필요한 시점이다.

　세계는 혼돈이다. 다보스 포럼에서 4차 산업혁명을 화두로 던진 이후 4차 산업혁명은 전 세계의 화두가 되었다. 미국, 독일, 일본, 중국 등 주요 국가들은 4차 산업혁명에 국가의 미래를 걸고 있을 정도다. 우리 역시 초고속과 초융합, 그리고 초지능화라는 거대한 시대 변화에 뒤처져서는 안 된다.

대한민국의 위기를 극복하고 4차 산업혁명 돌입이라는 시대적 요구에 부응하기 위해 각계각층의 힘을 모아야 할 때다. 1차 한강의 기적을 만든 것은 남들을 빠르게 따라 가는 추격 전략이었다. 그러나 2차 한강의 기적을 일으키기 위해서는 남보다 앞서 나가는 선도 전략이 필요하다. 4차 산업혁명에 임하는 우리의 전략 또한 선도 전략이 필요하다.

최근 이런 관심을 반영해서인지 4차 산업혁명에 대한 책들이 봇물처럼 쏟아지고 있다. 그런데 아쉽게도 4차 산업혁명을 일관되게 바라볼 수 있는 시각을 주는 데까지는 이르지 못하고 있다. 또 대부분 남들의 이야기다. 우리의 상황을 반영한 그리고 세계를 선도할 전략을 세우는 데 지침이 될 만한 책이 태부족인 상황에서 이 책은 반가운 단비의 역할을 할 것이다.

저자는 이 책에서 4차 산업혁명을 가상성과 물리성의 융합으로 정의하고 두 세상의 융합의 입장에서 인공지능, 빅데이터와 클라우드, SNS와 IoT를 소개하고 있다. 그리고 미래에 다가올 융합 세계의 모습으로 증강/가상현실과 드론, 3D프린터 등을 설명하고 미래의 ICT를 예측하고 있다.

독자들은 이 책을 통해서 4차 산업혁명이 어떻게 진화해 갈지에 대한 나름의 그림을 가지게 될 것으로 기대된다. 4차 산업혁명의 새로운 해석에 도전하고자 하는 분들에게 이 책을 권한다.

추천사

미래 ICT의 큰그림을 그려라

이 책을 한참 쓰고 있을 때 알파고가 이세돌 프로와 대결할 것이라는 소식이 들려왔다. 그 당시는 사람들의 인공지능이나 기계학습에 대한 관심이 그다지 높지 않았다. 그러나 알파고와 이세돌 프로의 대결이 시작되자 상황은 달라졌다. 연일 "인공지능과 같은 정보기술이 사람의 일을 대체하면서 미래에는 현재 직업 중 대다수가 사라질 것이다" 혹은 "컴퓨터가 인간의 사고력을 추월할 수도 있다"는 등의 기사가 쏟아져 나왔다.

이런 현상을 보면서 두 가지 상반된 생각을 갖게 되었다. 하나는 우리 생활과 산업에 큰 변혁을 가져오고 있는 ICT에 대해 관심이 커져서 좋다는 것이었다. 우리나라는 인공지능과 같은 기술개발에 중요한 소프트웨어 인력에 대한 대우나 근무환경이 열악하고, IT를 기반으로 만들어진 벤처기업들에게 필요한 투자나 지원을 해주는 스타트업 생태계가 무척 빈약하다. 이를 생각해 보면 늦게라도 ICT(정보통신기술)에 대한 관심이 커지는 것은 좋은 일이라 할 것이다.

다른 한편으로는 인공지능에 대한 지나친 관심에 따른 부작용이 우려됐다. 사실 ICT의 분야는 다양하다. 알파고의 경우에도 인공지능 기술이 부각되기는 하였지만, 그 뒤에는 클라우드 컴퓨팅과 같은 기반 기술의 뒷받침이 있다. 또한 당장 돈도 되지 않는 기술에 대규모 투자를 한 구글과 같은 회사가 있다. 즉, ICT 혁신을 위한 제반 여건과 스타트업의 평가와 지원을 위한 건강한 벤처 생태계가 있었기에 이런 결과가 나온 것이다. ICT 분야의 사람들은 농담 삼아 "한국에서 알파고와 같은 기술을 개발하는 벤처가 있었다면 투자를 못 받아서 망했거나, 대기업에 인수되어서 당장 상용화 제품을 내놓으라고 닦달을 받다가 기술개발을 접었을 것"이라고 얘기하곤 한다.

인공지능에 대한 지나친 관심과 기대는 시간이 지나면 곧 그에 맞먹는 실망과 무관심으로 이어질 것이다. 사람들이 관심이 있을 때에는 정부나 기업에서 엄청난 지원을 하겠다는 발표가 이어지고, 사람들은 곧 획기적인 결과가 나올 것으로 기대한다. 그렇지만 인공지능과 같은 기술은 1, 2년 사이에 금방 개발될 수 있는 것이 아니다. 앞서 말했듯이 다른 기술이 뒷받침이 되어야 하기 때문에 단기간에 성과가 나기 어렵다. 그래서 가시적인 성과 없이 몇 년이 흐르면 인공지능에 대해 불신이나 부정적인 시각이 생길까 우려된다. 이런 부정적인 시각이 생기면 인공지능에 대한 기술개발이나 투자가 줄어들고 이 분야에서 앞서가는 국가와의 격차가 더 커질 것이다. 앞으로는 더욱 다양한 ICT 기술이 국가 경제에 영향을 미치고 있는 상황에서, 기술 격차는 바로 경제력의 격차로 이어질 것이다.

과거를 되돌아보면, 인공지능뿐 아니라 다른 ICT에 대해서도 시장과 대중은 '호기심 → 기대 → 실망'의 사이클을 반복해 왔다. 예를 들어, 2,000년경에 사람들이 인터넷에 대해서 가졌던 기대를 생각해 보라. 인터넷으로 인해 세상이 곧 바뀔 것처럼 호들갑을 떨다가 1, 2년 사이에 뚜렷한 결과가 보이지 않자 급격히 기대를 거두었다. 이는 곧 닷컴 버블이 꺼지는 결과를 가져왔다. 그렇지만 그 후 십 수 년이 흐르면서 그 당시 기대했던 변화들이 조금씩 실현되었다.

현재 4차 산업혁명이라는 말이 큰 화두로 등장하고 있다. 1차 농업혁명, 2차 산업혁명, 3차 정보혁명에 이어서 로봇, AI, IOT 등으로 인한 또 한 번의 격변이 진행되고 있는 것이다. 4차 산업혁명이 엄청난 변화를 가져올 것은 누구나 동의하고 있겠지만, 이에 대한 지나친 관심 내지는 과대포장은 변화를 인식하고 변화를 만들어가는 데 전혀 도움이 되지 않는다는 것을 알아야 한다. 무관심이나 평가절하 역시 마찬가지다. 4차 산업혁명의 흐름을 장기적인 관점에서 이해하고 큰 그림을 그려보는 것이 절실한 시점이다.

이 책은 이런 생각에서 썼다. 책의 앞부분에서는 4차 산업혁명에서 중요한 역할을 할 ICT에 대한 이해를 위해 가상성과 물리성이라는 두 가지 중요한 개념을 설명했다. 그리고 이 개념을 바탕으로 세상을 바꿀 중요한 ICT 기술에 대해 소개했다. 이 책은 ICT 신기술에 대한 단순한 소개보다는 이와 같은 ICT 신기술이 어떤 방향으로 갈 것인가, ICT 기술의 발전을 어떤 시각으로 보아야 할 것인가에 대해 이야기하고 있다. 뒷부분에서는 ICT의 영향에 대해 뜨거운 논쟁을 불러온 '기술적 특이점'의 개념을 소개하고, ICT의 미래에 대해 예측해 보았다.

이 책은 4차 산업혁명의 개념을 설명하는 책은 아니다. 개념보다는 'ICT 기술이 4차 산업혁명에서 어떻게 우리의 생활과 비즈니스를 바꿀까'에 대한 책이다. 이 책이 독자들의 ICT에 대한 이해를 돕고, 큰 틀에서 ICT를 이해하는 데 조금이라도 도움이 되면 매우 기쁠 것이다.

2016년 6월
신촌 연구실에서 임일

책을 펴내며

contens

나는 왜 이 책을 추천하는가   • 004

책을 펴내며   • 006

프롤로그

4차산업혁명이란 큰 흐름을 볼 수 있는 프레임이 필요하다   • 014

PART 01 기술혁명을 통찰하는 프레임워크, 가상성과 물리성

1 무엇이 가상의 세상인가   • 022

2 물리의 세상 그리고 물리성   • 031

3 가상성과 물리성이 점점 더 강력하게 결합하고 있다   • 035

4 왜 가상성과 물리성을 명확히 구분해야 하는가   • 039

5 가상성과 물리성, 그리고 ICT 미래 예측   • 045

PART 02 4차산업혁명을 이끌고 있는 인공지능

1 기계가 학습을 한다고?   • 054

2 기계학습은 어떻게 이루어지는가   • 058

3 기계가 인간을 따라 하기 시작했다   • 068

4 인공지능이 비즈니스를 바꾸고 있다   • 075

5 인공지능이 사람의 일을 얼마나 대체할까   • 078

PART 03 빅데이터 그리고 클라우드 컴퓨팅

　　　1 세상에 없던 데이터, 빅데이터 ・ 083

　　　2 가상화, 언제 어디서나, 서비스처럼 ・ 087

　　　3 누구나 쉽게 사용하게 될 것이다 ・ 092

　　　4 빅데이터와 클라우드 컴퓨팅이 가져올 변화 ・ 099

PART 04 세상 모든 사람의 연결, SNS

　　　1 사람 사이의 관계가 모두 기록으로 남는 세상 ・ 107

　　　2 네트워크 효과 혹은 네트워크 외부성 ・ 112

　　　3 SNS 시대에 텍스트 마이닝이 주목받는 이유 ・ 115

　　　4 SNS와 텍스트 마이닝의 발전 방향 ・ 126

PART 05 모든 사물이 인터넷으로 연결되고 있다

　　　1 구글이 온도조절기 회사 네스트를 인수한 까닭 ・ 133

　　　2 가상의 세상과 물리적 세상의 결합, 사물인터넷 ・ 136

　　　3 온라인과 오프라인의 연결, O2O ・ 141

　　　4 모바일 금융의 모든 것, 핀테크 ・ 145

PART 06 현실과 상상의 경계가 사라지고 있다

1 일상 속으로 들어오고 있는 가상의 세계 · 155

2 증강현실과 가상현실의 발전 방향 · 163

3 비즈니스의 새로운 기회, 가상의 세계 · 169

PART 07 이미 현실이 되고 있는 자율주행자동차와 드론

1 자율주행자동차가 세상을 바꾼다 · 181

2 드론은 어떻게 활용될 것인가 · 187

3 자율주행자동차와 드론은
비즈니스 플랫폼이 될 것이다 · 192

PART 08 3D프린터와 차세대 에너지

1 3D프린터, 세상을 출력하다 · 201

2 차세대 에너지는 어떻게 세상을 바꿀 것인가 · 210

PART 09   결국 기술적 특이점에 도달할 것인가

　　　 1 시나리오 두 가지   • 223

　　　 2 기술적 특이점에 도달하기 위한 몇 가지 조건   • 227

　　　 3 컴퓨터가 스스로 목표를 갖는 것이 가능한가   • 233

PART 10   미래 ICT 예측해 보기

　　　 1 모든 기기가 컴퓨터로 연결된다   • 241

　　　 2 인공지능이 쇼핑과 광고를 바꾼다   • 245

　　　 3 세계적인 IT 회사들의 각축장, 엔터테인먼트   • 248

　　　 4 물리성이 강한 교통 · 운송시스템의 미래   • 251

　　　 5 3D프린터와 제조업 그리고 유통의 미래   • 255

　　　 6 금융서비스, 경계를 넘어 세계를 하나로   • 259

에필로그

4차산업혁명의 시대, 무엇을 준비해야 하나   • 263

참고문헌   • 269

4차산업혁명이란 큰 흐름을
볼 수 있는 프레임이 필요하다

최근 정보통신기술(Information & communication technology: ICT)의 발전이 눈부시다. 연일 신문과 방송에서 인공지능, 자율주행자동차, 가상현실, 3D프린터와 같은 ICT 관련 내용이 다뤄지고 있다.

ICT 분야에 몸담고 있으면서 항상 고민하는 것이 있다. '교육과 연구에서 최신 ICT에 대해 어느 정도로 어떻게 다루어야 할까?', '최신 ICT만을 다루는 것은 끊임없이 움직이는 목표물(moving target)을 쫓는 것과 같지 않을까?(즉, 조금만 시간이 지나면 더 이상 현실에 맞지 않는 것을 다루는 것이 아닐까?)', 'ICT의 발전을 전체적으로 통찰해 볼 수 있는 프레임워크는 없을까?' 등이 그것이다.

아마 이것은 ICT와 관련된 연구와 강의를 하는 대부분의 사람들이 공통적으로 고민하는 것일 것이다. 이런 문제를 해결하기 위해서는

ICT에 대한 근본적인 이해가 있어야 한다. 현재 각광을 받는 신기술에는 어떤 것이 있고, 이런 기술에 개별 기업들이 구체적으로 어떠한 투자와 상용화 노력을 하고 있는지 등을 연구하는 것은 물론 중요하다. 하지만 이러한 신기술의 전체적인 발전의 방향, 그리고 추세를 연구하는 것 또한 중요하다.

구체적인 ICT 기술로 들어가기에 앞서 약간의 개념 정리를 해보기로 하자. ICT는 정보를 다루는 기술이다. 보통 ICT에 포함되는 기술 분야인 컴퓨터, 통신 네트워크, 소프트웨어 등은 형태는 다르지만 모두 정보를 처리, 저장, 분석하기 위한 기술이다. 따라서 ICT의 발전 추세에 대해서 조망하고 예측해 보려면 정보의 특성을 생각해 보아야 한다. 정보시스템 분야에서 정보의 특성에 대해 다양한 분석이 이루어졌는데, 공통적으로 언급되는 것은 정보는 가상(virtual)의 재화라는 것이다.

가상의 재화인 정보는 눈으로 볼 수 없는 가상의 세상에서 처리된다. 우리가 쉽게 착각하는 것 중의 하나가 컴퓨터나 스마트폰 화면에 표시된 문자나 그림 자체를 정보라고 생각하는 것이다. 화면에 표시된 문자나 그림은 우리가 정보를 볼 수 있도록 시각화한 결과이지 그 자체가 정보는 아니다. 즉, 컴퓨터에 표시된 문자나 그림은 정보 자체가 아니라 정보의 표현이다. 아무리 성능이 좋은 전자현미경을 사용해서 컴퓨터의 반도체 안에서 일어나는 정보처리 과정을 관찰할 수 있더라도 우리가 보는 것은 정보를 표현하는 분자나 전자의 움직임이지 정보 자체를 보는 것은 아니다. 즉, 정보 그 자체는 눈에 보이지 않는 일종의 가상

(virtual)의 개념과 같은 것이다.

정보가 존재하는 가상의 세상과 대비되는 것은 우리가 살고 있는 물리적(physical)인 세상이다. 물리적인 세상은 우리가 보고 만져볼 수 있는 실체가 있는 세상이다.*

가상의 세상은 물리적인 현실세계와 계속 상호작용하면서 물리적인 현실세계에 영향을 미친다. 예를 들어, 물리적인 현실세계에서 우리가 필요로 하는 물건이 있어서 이것을 온라인 쇼핑몰에서 주문을 한다고 하자. 그러면 그 주문은 정보화되어 가상의 세상으로 들어가고, 이 정보를 바탕으로 물리적인 제품이 물리적인 세상에 있는 우리에게 배송된다. 즉, 물리적인 세상에서 정보가 만들어지고 이 정보는 가상의 세상에서 처리되어 다시 물리적인 세상에 영향을 주는 것이다.

우리가 살고 있는 물리적인 세상은 점점 더 가상화(virtualization) 되어가고 있다. 가상화되어간다는 것은 크게 두 가지의 의미가 있다. 첫째, 물리적인 세상의 다양한 상태가 정보로 변환(encoding), 수집된다는 것과 둘째, 물리적인 물체가 가상의 정보와 결합(embedding)되거나 정보의 영향을 받는다는 것이다. 예를 들어, 온도가 측정되어 디지털 정보로 변환되는 것은 첫째의 예이고 이러한 온도 정보를 통해 자동으로 실내의 온도를 조절해 주는 것이 두 번째 예가 될 것이다.

물리적인 세상의 상태를 정보로 변환하기 위해 과거에는 수작업과

---

* 과학철학(philosophy of science)에서는 현실의 세계가 과연 존재하는가, 우리가 보고 느끼는 것이 실제 존재하는 것과 일치 하는가 등의 철학적인 문제를 제기하기도 하지만 여기에서는 일반적인 의미의 현실을 얘기하기로 한다.

같은 느리고 비용이 많이 드는 과정을 거쳤다. 그러나 센서와 컴퓨터 하드웨어의 가격이 내려가고 많이 보급되면서 정보화의 비용이 크게 내려갔다. 비용이 내려가면서 오늘날은 물리적 세상의 더 많은 부분이 정보로 변환되고 있다. 도시 곳곳에 설치된 다양한 센서와 CCTV, 교통량 측정기, 블랙박스, 스마트폰이 정보수집 단말기 역할을 하면서 엄청난 양의 정보가 생성되고 있다. 특히 스마트폰의 경우 GPS나 카메라와 같은 장치가 장착되어 있기 때문에 다양한 정보를 실시간으로 수집하고 있음을 독자들은 잘 알고 있을 것이다. 우리가 카카오택시를 부르고 나서 택시가 어디에 있는지 정확히 알 수 있는 것도 택시의 위치가 정보화되었기 때문에 가능하다.

결국 핵심적인 것은 '가상의 정보'와 '물리적인 세상'은 다르다는 것이다. ICT는 가상의 정보를 다루는 기술이기 때문에 물리적인 세상을 다루는 기계나 운송 등에 관련된 기술과 많은 차이점이 존재한다. 물론 정보와 물리적 세상이 더 밀접하게 결합하면서 이러한 차이가 많이 줄어들었지만, 정보의 가상성(virtualness)과 세상의 물리성(physicalness)을 명확히 구분하는 것은 ICT를 잘 이해하는 데 매우 중요하다. 그래서 이 책에서도 가상성과 물리성에 대한 설명을 첫부분에 넣었다. 가상성과 물리성에 대해 확실히 이해를 하면 현재 우리가 목격하고 있는 다양한 ICT의 발전을 바라보는 새로운 시각이 생길 것이다.

PART
01

기술혁명을 통찰하는
프레임워크,
가상성과 물리성

현재 새롭게 등장하는 ICT는 그 종류가 매우 다양하다. 자율주행자동차와 같이 운송수단에 관련된 것이 있는가 하면 인공지능과 같이 우리의 지적인 활동을 도와주는 기술도 있다.

이런 기술이 우리 생활에 어떤 영향을 미칠지 혹은 앞으로 어떻게 진화할지를 예측하는 데 있어 명확히 이해해야 하는 것이 있다. 그것은 해당 기술이 적용되는 분야가 가상의 세상인지 물리적 세상인지 하는 것이다.

가상의 세상은 정보를 다루는 세상이고 물리적인 세상은 우리가 물리적으로 생활하는 세상이다. 가상의 세상에서 다뤄지는 정보는 부피와 질량이 없지만, 물리적인 세상을 구성하는 물체는 부피와 질량이 있다.

예를 들어, 신용카드를 신청한 사람의 정보를 분석해서 승인/거절을 자동으로 결정하는 인공지능 시스템이 있다고 가정해 보자. 이 경우 데이터를 바탕으로 학습하고 승인/거절을 판단하는 과정은 정보를 다루는 가상의 세상이지만, 그 학습을 위한 정보, 예컨대 수입이나 직업, 과거의 신용도에 관련한 정보를 만들어 낸 것은 물리적 세상이다. 학습의 결과가 적용되는 대상 역시 물리적 세상의 사람들이다. 즉, 물리적 세상에서 만들어진 정보가 가상의 세상에서 처리되고 이것이 다시 물리적 세상에 적용되는 것이다.

이때 가상의 세상에서 다루어지는 정보의 특성을 가상성(virtualness), 물리적 세상의 물건의 특성을 물리성(physicalness)이라고 구분해 보자. ICT는 가상성을 갖는 정보를 처리하는 기술이다. 따라서 가상성과 물리성의 특성과 이 둘의 차이점을 이해하는 것은 ICT를 이해하는 데 매우 중요할 것이다.

가상성의 대표적인 특성은 처리(변형이나 이동)에 들어가는 비용이 0에 수렴하는 것, 복제하는 데 들어가는 추가 비용이 거의 0인 것, 저장에 들어가는 물리적 공간이 0에 수렴하는 것 등이다. 물리성의 특성은 그 반대이다. 변형이나 이동에 물리적인 에너지가 들어가고, 복제하는 데 원본을 만드는 것과 거의 비슷한 비용이 들어간다. 그리고 양을 두 배로 늘리면 정확히 두 배의 공간이 필요하다.

무엇이
가상의 세상인가

■

■

■

가상의 정보 처리비용은 0에 수렴한다

우리는 정보, 그중에서도 디지털로 표시되는 정보의 특성을 잘 알고 있다. 정보는 눈에 보이지 않는다. 정보를 저장하기 위해 D램과 같은 반도체를 사용하기도 하고 CD/DVD와 같은 매체를 사용하기도 하지만, 우리는 반도체나 CD/DVD와 같은 매체 자체와 그 안에 들어 있는 정보는 서로 다른 것임을 안다. 정보는 이들 매체에 실려서(encoding, 코드화라고 한다) 표시되고 운반될 뿐이지 정보 자체는 보이지 않는다. 즉, 반도체나 CD/DVD와 같은 매체는 가상의 세상에 있는 정보를 물리적인 세상에 전달해주는 통로 역할을 할 뿐이다. 매체가 바뀐다고 해서, 예를 들어 정보를 저장하는 매체가 반도체에서 CD로 바뀐다고 해서, 정보 자체가 바뀌는 것은 아니다.

일단 정보가 매체에 실리면 이를 컴퓨터가 읽어서 처리할 수 있다. 처리라고 하는 것은 변형(예를 들면, 계산)과 이동(다른 곳으로 보내는 것)이 포함된다. 개념적으로는 가상성을 갖는 정보의 변형에는 에너지가 필요 없다. 그렇지만 실제로는 정보가 전기신호로 표시되기 때문에 정보를 변형하려면 이를 처리하는 CPU와 같은 장치, 이동을 하려면 네트워크 장비가 필요하고 이들을 움직이는 전기에너지 또한 필요하다. 그런데, 이런 정보의 처리에 들어가는 에너지와 비용은 계속적으로 감소해 왔다.

지금 우리가 사용하는 스마트폰 하나의 처리용량이 1980년대 대기업의 메인 컴퓨터와 처리 능력이 비슷하거나 그 이상이라는 얘기를 아마도 들어 보았을 것이다. 이는 같은 양의 정보를 변형하는 데 들어가는 비용이 기하급수적으로 감소했다는 것을 의미한다.

이런 현상을 지적한 것 중에 가장 유명한 것이 무어의 법칙(Moore's Law)이다. 인텔의 공동창업자인 고든 무어는 1965년에 "컴퓨팅 속도는 매 18개월마다 2배씩 증가한다."고 주장하였고, 1975년에 그 주기를 24개월로 수정하였다. 좀 더 정확히 얘기하면 같은 비용으로 구입할 수 있는 컴퓨터의 계산 속도는 18~24개월마다 2배씩 증가한다는 것이고 다음 그림에서 실제로도 그렇게 증가해 왔음을 알 수 있다. 이 그림에서 계산능력은 로그값이기 때문에 그래프는 직선으로 보이지만 실제 처리용량은 기하급수적으로 증가(처리비용은 감소)한 것이다. 가상의 정보를

PART 1 기술혁명을 통찰하는 프레임워크, 가상성과 물리성

처리하는 데 들어가는 비용이 0에 수렴한다는 의미가 바로 이것이다.

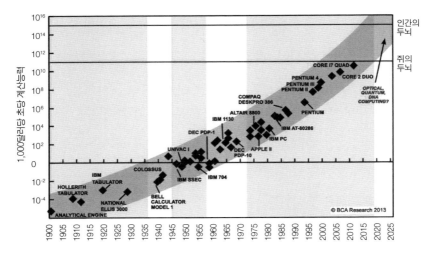

○ **컴퓨팅 비용의 감소**

출처 : Ray Kurzweil, The singularity is near: When humans transcend biology, p.67, The Viking Press, 2006

가상의 정보를 복제하는 비용은 0에 수렴한다

　가상성의 두 번째 특징은 가상의 정보는 복제하는 데 비용이 거의 들어가지 않는다는 것이다. 요즘은 개인도 몇 백 기가바이트나 몇 테라바이트 정도의 데이터는 일상적으로 사용하기 때문에 테라바이트가 그렇게 큰 양이라고 생각하지 않을 수도 있다. 그렇지만, 사실 1기가바이트만 해도 한글로 하면 약 5억 글자에 해당하는 엄청난 양이다. 우리가 읽는 200~300페이지 단행본이 보통 10만~20만 글자이므로 1기가바이트면 단행본 3~5천 권에 해당하는 분량이다. 그런데 1기가바이트를 복사하는 데는 장치에 따라 몇 초에서 몇 분 정도밖에 걸리지 않는다. 뿐만아니라 복제한 정보는 원본과 전혀 차이가 없다. 책과 같은 콘텐츠를 처음 만들 때에는 많은 비용이 들어가지만 일단 만들어지고 디지털화되면, 이를 복제하는 데 비용이 거의 들지 않는 것이다. 게다가 이 비용도 점점 감소하고 있다. 즉, 가상의 정보를 복제하는 비용은 0에 수렴한다.

가상의 정보가 차지하는 물리적 공간은 0에 수렴한다

앞서 얘기했듯이 우리는 정보 그 자체를 볼 수 없고, 정보는 물리적인 공간을 필요로 하지 않지만, 정보가 실제 사용될 때에는 반도체나 CD/DVD와 같은 물리적인 매체에 실려서 사용된다. 기술이 발전하면서 같은 양의 정보를 더 작은 매체에 실을 수 있게 되었다. 정보를 저장하는 대표적인 매체가 메모리와 같은 반도체인데, 기술의 발전에 따라 반도체의 집적도는 계속 늘어나고 있다. 같은 양의 정보를 저장하는 데 들어가는 물리적인 공간이 줄어들고 있는 것이다. 그 결과 현실의 세상이 디지털화되면, 즉 물리적 세상이 가상화되면, 이것이 차지하는 물리적 공간은 거의 0이 된다. 이것이 가상성의 세 번째 특징이다.

요즘 많이 사용되는 디지털 지도를 생각해 보자. 지도가 현실의 모든 것을 100% 충실하게 나타내는 것은 아니지만, 우리가 현실에 유용하게 적용할 수 있을 정도의 정보는 충분히 제공한다. 지도는 일단 디지털화되면, 즉 정보화가 되면, 이를 무한히 축소해서 이동할 수 있다. 전 세계의 지도 정보도 하나의 USB 메모리에 넣을 수 있을 정도가 된 것이다. 과장해서 말하면 '지구 전체 정보가 내 손에 들어 왔다'고 할 수 있다. 기술이 발전할수록 더 자세한 지도, 더 많은 정보를 더 작은 매체에 넣을 수 있을 것이다.

이런 현상을 잘 나타내는 것 중의 하나가 하드디스크(HDD)의 용량 증가이다. 다음 도표는 개별 HDD의 용량과 시간을 나타내는 그림이다.

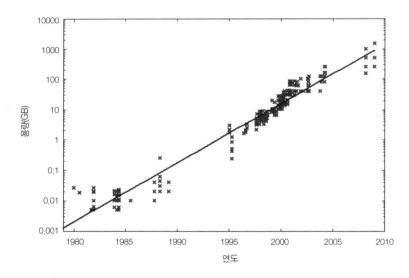

●시간에 따른 하드디스크 용량의 증가

출처 : Wikimedia Commons,https://commons.wikimedia.org/wiki/File:Hard_drive_capacity_over_time.png

시간이 증가하면서 HDD의 용량이 증가했음을 보여주는데, 세로축이 로그값이므로 사실은 기하급수적으로 증가했음을 볼 수 있다. 대략 1985년에서 2005년까지 20년 동안 HDD의 용량은 10^4, 즉 1만 배 증가했음을 알 수 있다. 매 5년마다 10배씩 계속 증가한 것이다.

저장공간이 줄어든다는 것과 관련된 또 다른 유명한 법칙으로는 황(Hwang's Law)의 법칙이 있다. 삼성전자의 대표이사였던 황창규 사장은 2002년에 "메모리의 용량은 매 12개월마다 2배씩 증가한다."는 법칙을 만들었다.[*] 2008년에 128GB 낸드(NAND) 플래시 메모리를 삼성전자가 발표하지 않아서 이 법칙의 12개월 주기가 깨지기는 했지만, 메모리 반도체의 집적도가 기하급수적으로 증가한다는 사실은 변함이 없다. 집적도가 2배가 되면 같은 크기의 메모리칩에 저장할 수 있는 용량도 대략 2배로 늘어난다. 다음 그림을 보면 이 법칙에서 얘기하는 것이 대체로 비슷하게 진행되어 왔음을 알 수 있다. 메모리의 용량이 기하급수적으로 증가한 것이다. 이것이 바로 저장에 들어가는 물리적 공간이 0에 수렴한다는 의미이다.

정보의 처리비용과 저장비용이 줄면서 우리가 사용할 수 있는 정보의 양이 급격히 커졌다. 컴퓨터가 사용되기 시작한 초기에는 사람들이 그렇게 많은 양의 정보를 필요로 할 것이라고 예상하지 못하였다. 1980년대 초 IBM PC가 개발될 때 사용 가능한 메모리의 최대 크기를 640K

---

[*] 위키피디아, https://ko.wikipedia.org/wiki/%ED%99%A9%EC%9D%98_%EB%B2%95%EC%B9%99

PART 1 기술혁명을 통찰하는 프레임워크, 가상성과 물리성

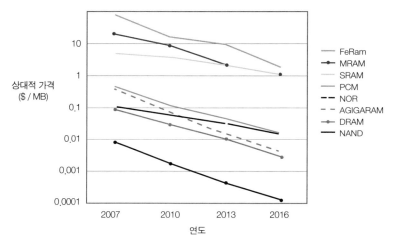

● 저장공간의 감소(저장용량의 증가)

출처 : AGIGA Tech, http://agigatech.com/blog/bulletproof-memory-for-raid-servers-part-3/

바이트로 제한하였다. 지금 우리가 일반적으로 사용하는 컴퓨터의 메모리 용량인 16GB의 불과 2만5천분의 1에 해당하는 것이다. 그 당시 큰 메모리를 지원할 수 있는 기술이 없던 것이 가장 큰 이유이기는 하지만, 개인이 필요한 메모리는 640K 바이트를 넘지 않을 것이라고 예상한 때문이기도 하다.

정보의 특징 중의 하나는 사용 가능한 정보의 양이 늘어나면, 그만큼 사용을 한다는 것이다. 예를 하나 들어보자. 필름 카메라를 사용하던 시대에는 지금처럼 사진을 마구 찍지 않았다. 필름 한 통으로 24~36장의 사진밖에 찍을 수 없었기 때문이다. 디지털 카메라가 처음 등장한 초창기에는 사람들이 필름 카메라를 사용하던 습관대로 사진을 아껴서 사용하였다. 그러다가 곧 디지털 카메라의 특성, 즉 사진을 지울 수 있다는 것과 많은 양의 사진을 찍을 용량이 충분하다는 것을 이해하고 적응하게 되었다. 그래서 요즘은 수첩이나 종이에 메모를 하는 사람을 보기 힘들다. 강의 중에 스크린에 표시된 강의안이나 정류장에서 버스시간과 같은 정보를 사진을 찍어 보관하기 때문이다. 보관을 하다 필요가 없어지면 지워버리면 된다. 이와 같이 사용할 수 있는 정보의 양이 늘어나면 사람들은 늘어난 만큼의 사용처를 찾아내서 사용한다.

네트워크도 마찬가지이다. 인터넷 속도가 1M bps 이하였을 때에는 1G bps로 되면 용량이 펑펑 남아돌 것 같았지만, 1G bps가 보통의 속도가 된 지금은 그 늘어난 용량을 고화질 비디오 등을 보는 데 사용하고 있다.

가상의 정보는 결합하기 쉽다

가상성의 또 다른 특징은 다양한 종류의 재화(즉, 정보)를 결합할 수 있고, 결합하면 가치가 올라간다는 것이다. 예를 들어, 사진과 함께 사진을 찍은 정확한 위치와 상황에 대한 태그를 추가하면 나중에 사진을 정리하거나 필요한 사진을 찾을 때 큰 도움을 받을 수 있다. 더 나아가서 사람들이 자신이 찍은 사진을 공유 사이트에 올리면 올라온 사진 정보를 가공해서 더 큰 가치를 만들어 낼 수 있다. 예를 들어, 사진의 위치

PART 1 기술혁명을 통찰하는 프레임워크, 가상성과 물리성

정보를 바탕으로 특정 장소의 사진을 모아서 다른 사람에게 제공하면, 사람들은 어떤 장소에 가기 전에 그 장소의 이미지를 다양한 각도에서 볼 수 있을 것이다.

정보 결합의 다른 예로는 소비자의 행동정보를 들 수 있다. 현재는 소비자의 행동은 쇼핑, SNS, 정보검색 등으로 나뉘어져 있는데, 만일 이런 정보가 모두 결합된다면 각 소비자에 대한 더 자세한 분석이 가능하므로 훨씬 더 큰 가치를 제공할 것이다.

가상성의 특성으로 인해서 가상의 재화인 정보는 앞으로도 상당기간은 사용가능한 용량이 크게 늘어나고 더 복잡한 처리가 가능해질 것이다. 그리고 한번 생산된 정보는 복제와 운반에 드는 비용이 거의 0인 관계로 무수히 많은 곳에서 다양하게 사용될 수 있다. 그리고 다른 정보와의 결합을 통해서 더 큰 가치를 만들어 내기도 할 것이다. 즉, 가상성을 가지는 재화인 정보는 일단 만들어지면 그 다음부터는 무한한 확대 재생산(scaling up)이 가능하다.

물리의 세상
그리고 물리성

■

■

■

물체의 처리비용을 획기적으로 줄이는 것은 불가능하다

물리적인 세상에서는 어떤 대상을 처리(이동하거나 변형)하는 데 에너지(혹은 비용)가 들어간다. 아무리 가볍고 작은 물체라고 하더라도 모양을 바꾸거나 우리가 원하는 형태로 정리하는 데에는 에너지와 비용이 들어간다. 예를 들어서 한 교실에 책상 100개가 칠판을 향해 배열되어 있는데, 이를 소집단 토론을 위해 10개씩 원형으로 모아서 다시 배치한다면 상당한 에너지와 시간(비용)이 들어갈 것이다. 물론, 책상은 무거운 물건이기 때문에 그렇다고 생각할 수도 있다. 하지만 종이와 같이 가벼운 물체라도 형태를 바꿀 때, 예를 들어 종이비행기로 만들 때(변형할 때) 상당

PART 1 기술혁명을 통찰하는 프레임워크, 가상성과 물리성

한 에너지와 시간(비용)이 들어간다.

정보를 처리하는 데에도 컴퓨터에 사용되는 전기와 같은 에너지가 들어간다. 그런데 물리적인 물체의 처리와 가상의 정보 처리에는 커다란 차이점이 존재한다. 그것은 앞서 얘기했듯이 정보 처리비용은 계속적으로 줄어들지만, 물리적인 물체의 처리비용은 그렇지 않기 때문이다.

왜 그런지 생각해 보자. 정보는 처리(변형. 이동)되기 위해서 물리적인 매체(메모리, CD 등)가 필요하기는 하지만 정보 자체는 물리적인 것이 아니다. 정보가 어떤 종류의 매체(반도체 혹은 하드디스크)에 실려서 처리되든지 그것은 동일한 정보이다. 그러므로 정보 자체가 가치가 있는 것이지 매체가 가치가 있는 것이 아니다. 정보를 표현하는 매체는 무엇이 되든 상관없다는 것이다. 따라서 처리비용을 획기적으로 줄일 수 있는 새로운 매체가 개발되기도 하고, 반도체와 같은 기존의 매체가 계속 집적도를 올리면서 처리에 필요한 에너지를 줄여왔다.

그러나 물리적인 물체는 물체 자체에 가치가 있다. 예를 들어, 책상은 책상 자체가 물리적인 물체이면서 동시에 가치를 갖는다. 적절한 크기와 강도를 가지고 사람이 사용할 수 있다는 물리적인 속성이 가치를 갖는 것이다. 물론, 책상도 소재나 형태를 바꾸면 생산이나 처리가 더 쉬워질 수 있다. 그러나 책상이 가치를 가지려면 어떤 규격이나 강도와 같은 특정한 물리적인 특성을 만족시켜야 한다. 그렇기 때문에 책상과 같은 물리적인 물체는 처리비용을 획기적으로 줄이거나 저장 공간을 무한정 줄이는 것이 불가능하다. 정리하자면, 물리적인 세상에서는 물체의 물리적인 속성이 가치를 갖기 때문에 처리비용을 획기적으로 줄일 수 없고, 이동이나 복제 비용도 큰 변동이 없으며, 저장공간을 줄이는 것도 불가능하다.

물체의 수요 증가는 한계가 있다

물리성의 또 다른 특징은 수요가 엄청나게 늘지는 않는다는 점이다. 에너지나 자원과 같은 물리적인 재화에 대한 수요도 꾸준히 늘기는 하지만 증가폭이 크지 않다. 예를 들어, 1980년에서 2010년 사이에 1인당 에너지 소비는 급격한 경제발전을 이룬 한국의 경우는 5배 정도 증가하였지만, 같은 기간 미국의 경우는 오히려 약간 감소하였다.[*]

물리적인 재화는 적당히 많으면 풍족하게 사용할 수 있지만 너무 많아지면 오히려 효용이 떨어지는 경향이 있다. 10평 아파트에서 20평, 30평 아파트로 넓어지면 좋지만 1,000평이나 10,000평 아파트는 아무리 돈이 많더라도 살기 꺼려질 것이다. 마찬가지로 디지털 카메라가 아니라 필름 카메라였다면 아무리 필름과 사진인화 가격이 내려간다고 해도 사람들이 지금처럼 한 달에 몇 백, 몇 천 장의 사진을 찍지는 않을 것이다. 이러한 현상은 물리성의 특징인 처리와 보관에 비용과 공간이 필

---

[*] The World Bank, http://beta.data.worldbank.org/?indicators=EG.USE.PCAP.KG.OE

요한 이유가 크다.

앞에서 가상의 정보는 결합이 쉽고 결합하면 더 큰 가치를 제공한다고 했는데 물리적 물품은 그렇지 않다. 예를 들어 우리가 입는 옷과 가방을 늘 같이 착용한다고 해서 이 둘을 물리적으로 결합하려고 하지는 않는다. 결합과 분리가 어렵기도 하지만 결합한다고 해서 가치가 크게 올라가지 않기 때문이다.

	물리성	가상성
가치의 원천	물리적인 물품 자체	물리적인 매체에 실려 있는 가상의 정보
처리비용	양에 비례하고 변동이 적다	0에 수렴한다
저장비용	양에 비례하고 변동이 적다	0에 수렴한다
수요	양이 크게 늘어나도 다 사용하기 어렵다	양이 늘어나면서 새로운 수요가 만들어 진다
결합	결합이 가능하지만 한계가 있다	결합의 가능성이 무한하며 결합하면 새로운 가치가 만들어 진다

○ 물리성과 가상성의 차이

가상성과 물리성이
점점 더 강력하게 결합하고 있다

■

■

■

　현실의 물리적 세상은 가상의 세상으로 변환되어야 가상성의 특징을 가지게 된다. 바둑을 예로 들어보자. 나무로 된 바둑판과 세라믹(혹은 돌)으로 된 바둑돌은 물리적인 존재로서 이것 자체로는 알파고와 같은 AI와 아무런 관련이 없다. 그렇지만 바둑판 위의 19×19줄이 만들어 내는 교차점과 각 교차점 위에 어떤 바둑돌이 놓여 있는지를 정보화하는 순간, 이 정보는 가상의 세상에 존재하는 AI가 받아들여 처리할수 있다. 즉, 물리성이 가상성으로 변환되어야 물리적인 세상과 가상의 세상 사이의 상호작용이 가능한 것이다. 간단히 말해, 물리적인 물체에 대한 정보가 디지털화되어서 컴퓨터에 입력되어야 정보처리가 가능하다는 것이다.

물리성의 어떤 부분이 가상성으로 바뀌는가

여기에서 한 가지 생각해 볼 것은 물리성 중 어떤 부분이 가상성으로 바뀌는가(혹은 바뀌어야 하는가)이다. 당연히 중요한 것이 정보로 바뀌어야 할 것이다.

바둑에서는 19×19줄이 만들어 내는 교차점과 거기에 놓인 바둑돌이 중요한 정보이기 때문에 이것만 정보화하면 된다. 바둑판의 크기, 무게나 모양도 정보화가 가능하지만 이 정보는 바둑이라는 게임을 하는 데 중요한 정보가 아니기 때문에 정보화할 필요가 없다. 바둑에서 이와 같이 제한된 정보만 코드화하면 되는 이유는 바둑이라는 게임의 규칙이 그렇게 정해져 있기 때문이다. 바둑의 승패를 정하는 것은 줄의 교차점에 놓인 바둑돌의 색깔과 위치라고 바둑을 만들 때 정했기 때문에 그 외의 정보는 중요치 않은(irrelevant) 것이다. 이처럼 바둑의 경우는 정보화해야 하는 것과 그렇지 않은 것이 매우 명확한 경우라고 할 수 있다.

그러나 현실의 다른 분야는 물리적인 물체 혹은 물리적인 상황의 어떤 부분이 중요하고 어느 부분이 중요하지 않은지, 따라서 어디까지 정보화해야 하는지 판단하기 쉽지 않다. 예를 들어서 교통상황을 정보화하는 경우를 생각해 보자. 당연히 각 도로의 자동차 위치(따라서 자동차 대수도 포함)와 각 자동차의 실시간 주행속도를 수집할 수 있으면 도로상황을 상당히 정확히 알 수 있을 것이다. 이것만 정보로 바꾸어도 실시간 교통상황을 잘 파악할 수 있다.

그런데 더 정확한 분석을 위해서는 추가 정보가 필요할 수도 있다. 예를 들어, 각 자동차의 차종을 알면 자동차의 움직임을 더 정확히 예측할 수 있기 때문에 더 정확한 분석이 가능할 것이다. 각 운전자의 운전습관이나 현재의 상태(약속에 늦었는지 등)을 알고 있다면 분석이 더 정확할 것이고, 각 도로의 인도와 횡단보도의 상황(사람이 얼마나 많고 이 사람들이 파란불이 꺼지기 전에 다 횡단보도를 건너는가 등), 파인 곳이나 낙하물이 있는지와 같은 도로의 상황, 그리고 비나 눈과 같은 노면의 정보도 알면 분석에 도움이 될 것이다.

여기서 물리적인 세상과 가상의 세상의 차이가 명확해진다. 물리적인 세상에는 무수히 많은 가능성이 존재하며 물리적인 세상을 완벽하게 정보화(코딩)하는 것이 쉽지 않다는 것이다. 그렇다면 정보화가 가능한 것들 중에서 어떤 것을 정보화하고 어떤 것을 하지 말아야 할까? 당연히 들어가는 노력과 비용에 비해서 효과가 큰 것을 선택해야 할 것이다.

여기에서 한 가지 기억할 것은 기술이 발전함에 따라 정보화에 들어가는 노력과 비용이 달라진다는 사실이다. 센서 가격이 내려가거나 다른 기술이 발전하면서 과거에는 정보화가 어려웠던 것이 쉽게 정보화되는 경우가 많다. 예를 들어, 이미지 처리 기술이 발전하면서 과거에는 수작업으로 해야 했기 때문에 비용과 노력이 많이 들어가던 번호판 인식이 지금은 아주 흔한 기술이 됐다.

또 한 가지 알아야 할 것은 물리적인 세상에 존재하는 물체의 성격에 따라서 가상성으로 완전히 바뀔 수 있는 것이 있는가 하면 그렇지 않은 것도 있다는 것이다. 예컨대 돈(화폐)은 완전히 가상화될 수 있다. 돈은 우리가 얼마만큼의 재화를 보유했는가 하는 정보를 나타내는 것이다. 그렇기 때문에 물리적인 화폐를 가상의 정보로 대체한다고 해도 큰 문제는 없다. 그렇지만 자동차의 경우 아무리 전기자동차가 일반화되고 자동차에 ICT가 결합된다 하더라도 이동이라는 물리적인 성질에는 변함이 없다. 우리가 A라는 지점에서 B라는 지점으로 옮겨가는 이동은 매우 물리적인 현상으로서 가상의 정보가 대신할 수 없는 것이다.

가상성과 물리성은 서로 뒤섞인다

정리해 보자. 가상성과 물리성은 서로 상호작용한다. 물리적인 세상이 코딩이 되어 가상의 세상으로 옮겨지기도 하고, 가상의 세상에서 분석된 결과가 물리적인 세상에 영향을 주기도 한다. 물리적인 물체가 가상의 정보와 결합하면 어느 정도는 가상성의 성질을 갖게 되며 정보와의 결합이 강해질수록 가성성도 커진다.

기술이 발전할수록 물리적인 세상은 점점 더 충실히 가상의 세상으로 옮겨갈 수 있다. 즉, 기술이 발전하면서 물리성과 가상성의 결합이 심화될수록 물리적인 물체도 가상성이 커진다는 것이다. 그렇지만 자동차와 같이 물리성 자체가 중요한 속성인 물체는 완전히 가상화되지는 않을 것이다.

왜 가상성과 물리성을
명확히 구분해야 하는가

■

■

■

과거에는 가상성과 물리성이 분리되어 있었다

현재 ICT로 인한 급격한 변화는 어찌 보면 가상성과 물리성이 점점 더 강력하게 결합되기 때문이라고 할 수 있다. 대표적으로 IoT(Internet of things)는 사물(things)이라는 물리성을 갖는 물체가 인터넷으로 연결(가상성)되는 것이고, 인공지능은 물리성이 지배하는 현실의 다양한 문제에 대한 답을 정보로 변형해서 가상의 세계에서 답을 구하는 것이라고 할 수 있다.

과거에는 가상성과 물리성이 분리되어 있었다. 사람들이 접하는 대부분이 물리성이 지배하는 물리적 세상의 것들이었다. 정보가 일부 사용되고 있었지만, 종이와 같은 물리적인 매체에 기록되어 물리성의 성질이 강했다.

종이에 기록된 정보는 계산이나 처리도 손으로 해야 하고 복제하려면 직접 손으로 베끼거나 복사기를 사용해야 하기 때문에 시간과 비용이 많이 들어간다. 그렇기 때문에 종이에 기록된 정보는 같은 정보라 하더라도 강한 물리성을 갖는다.

과거에는 가상의 세상이라고 할 수 있는 것은 사람의 머릿속에 있는 의식과 생각 정도였다. 컴퓨터가 등장하고 디지털 기술이 대부분의 기기에 사용되면서 비로소 정보가 온전한 가상성을 갖게 되었다고 할 수 있다.

가상성과 물리성을 구분해야 하는 이유

가상성과 물리성은 이렇듯 상당히 다른 특징을 가지는 데도, 현재 일어나는 다양한 현상에 대해 가상성과 물리성을 구분하지 않고 이야기하거나 분석하는 경우가 많다.

예를 들어보자. 온라인을 주도하는 구글이나 페이스북과 같은 회사는 각각 정보검색과 SNS라는 강력한 플랫폼을 가지고 있다. 이 플랫폼은 가상성의 성격이 강하다. 구글에서 검색하는 정보는 디지털화된 정보이고 SNS도 사람들에 대한 것이기는 하지만 모두 디지털화되어 처리되기 때문이다. 이들 회사는 이러한 플랫폼을 바탕으로, 제공하는 서비스를 차츰 확대해 왔다. 구글은 검색에서 시작해서 이메일, 지도, 이미지처리 등으로, 페이스북은 SNS에서 출발해서 광고, 쇼핑, VR 등으로 범위를 확장해 왔고 대부분 성공적인 결과를 거두었다.

그렇다면 이들 회사가 O2O(Online - to - Offline) 분야에서도 성공 할 수 있을까? 예를 들어 구글이 우버에 앞서서 자동차 공유 서비스를 제공하였다면 성공하였을까? 페이스북이 한 때 시도했던, 지역에 기반한 소규모 커뮤니티 서비스가 성공할 수 있을까? 물론, 모든 질문의 답은 '그 회사가 어떻게 하느냐에 따라 다르다'이지만 다른 조건이 동일하다면 어떨지 생각해 보자.

O2O는 온라인과 오프라인을 결합하는 서비스이다. 즉, 물리성과 가상성이 결합되는 서비스이다. 구글의 정보검색도 물리성과 가상성의 두 가지 성격이 모두 존재하기는 한다. 검색에 사용되는 정보를 입력하는 사람은 물리적 세상에 있기 때문이다. 그렇지만 검색엔진의 정보검색과 우버와 같은 O2O 서비스는 물리성의 비중에서 큰 차이가 있다. O2O서비스가 훨씬 높은 비중의 물리성이 필요하기 때문이다. 구글이 온라인에서 성공적이었지만, 온라인의 비즈니스 로직을 물리적 세상에 적용할 수는 없을 것이다. 만일 적용한다 하더라도 수많은 어려움을 겪을 것이다.

PART 1 기술혁명을 통찰하는 프레임워크, 가상성과 물리성

비즈니스 측면에서의 가상성과 물리성

가상 세상의 비즈니스 로직을 생각해 보자. 대표적인 것이 '네트워크 효과'이다. 가상의 세상에서는 정보처리비용이 0에 수렴하기 때문에 수많은 사람들의 복잡한 상호작용을 쉽게 조정할 수 있다. 그래서 가상의 세상에서는 네트워크 크기가 거의 제한 없이 커질 수 있다. 그러나 이러한 비즈니스 로직이 오프라인, 현실의 세계로 가면 잘 작동하지 않기 때문에 O2O는 매우 다른 비즈니스가 될 것이다. 앞서 설명하였듯이 물리적인 물체나 현상 중에서는 가상화될 수 있는 것이 있는 반면에 가상화되지 않는 것도 있다. 이를 무시하고 모든 것이 가상화될 것으로 가정하고 비즈니스를 계획하면 문제에 부딪힐 것이다.

인터넷이 막 등장한 1990~2000년대 초로 돌아가 보자. 이때에 오프라인에서 성공을 거둔 기업들은 새롭게 등장한 인터넷에 적응하는데 어려움을 겪었다. 물리성이 지배하는 오프라인과 가상성이 지배하는 온라인의 차이를 이해하지 못했기 때문이다. 예를 들어, 물리적 세상에서는 어떤 종류의 활동에 대해서도 에너지와 비용이 들기 때문에 모든 서비스에 대해 비용을 받는 것이 보통이다. 그러나 가상의 세상에서는 정보의 처리와 복제비용이 0에 수렴하고 네트워크 효과가 크기 때문에 기본적인 서비스는 무료로 제공하고 대신에 사용자를 끌어 모으는 것이

* 한 네트워크의 사용자가 늘어나면 그 네트워크의 가치도 급격히 커지는 효과를 말한다. 네트워크 효과가 작동하면 가장 큰 네트워크에 사용자가 몰리기 때문에 승자독식의 현상이 나타난다. 뒤의 4장 SNS/텍스트 마이닝에서 더 자세히 설명한다.

더 나을 수 있다. 이렇게 사용자를 빨리 끌어 모으면 네트워크 효과 덕분에 순식간에 그 분야의 선도기업으로 성장하는 경우가 많았다. 물리적 세상에 익숙하고 거기서 큰 성공을 거둔 오프라인 기업들은 가상의 세상인 인터넷에 들어가서도 물리성에 기반한 논리를 적용했기 때문에 어려움을 겪었던 것이다.

지금은 많은 기업이 온라인의 가상성에 대해서 이해를 잘 하고 있다. 그래서 온라인과 오프라인을 결합하려고 할 때 이제는 반대로 온라인의 가상성을 오프라인의 물리성으로 확장하려고 하는 경우를 보게 된다. 예를 들어, 온라인에서 성공한 기업들은 오프라인에서도 많은 고객을 빨리 확보하여 네트워크 효과를 누리려 시도하는 경향이 있다. 물론 오프라인에서도 많은 고객을 확보하면 규모의 경제가 발생하기 때문에 유리한 면이 있다. 그렇지만 기억해야 할 것은 규모의 경제는 네트워크 효과에 비해서 그 영향이 크지 않다는 것이다. 따라서 오프라인에서 고객을 확보하기 위한 노력은 온라인보다 비용 대비 효과가 작을 가능성이 많다. 이에 대해서는 뒤에서 더 자세히 다루기로 한다.

지금까지 얘기한 비즈니스 측면에서의 가상성과 물리성의 차이를 정리해 보자.

	물리성	가상성
가치의 원천	물리적인 제품	가상의 정보
비용	변동비가 크다	고정비가 크고 변동비는 거의 0
경쟁 무기	규모의 경제	네트워크 효과
비지니스 모델	각 제품을 적절한 가격에 판매	기본 정보는 무료로 제공하고 다른 곳에서 수익을 얻음
경쟁의 형태	다수의 기업이 경쟁	자연 독과점이 되는 경우가 많다
예	가구, 가전제품, 자동차, 옷	정보 검색, 온라인 쇼핑, 음원, SNS, 네비게이션

○ 비즈니스 측면에서 물리성과 가상성의 차이

　가상성과 물리성은 매우 다른 성격을 가지며 가상성이 지배하는 가상 세계의 작동원리는 물리성이 지배하는 현실 세계와 아주 다른 특성을 보인다. 기술이 발전함에 따라 물리성의 많은 부분이 가상화되면서 가상성이 물리성의 세상에도 영향을 미치고 있다. 그렇지만 물리성이 모두 가상화될 수 있는 것은 아니다. 물리성의 가상화가 진전된다 하더라도 물리성이 유지되는 부분이 분명히 있기 때문에 물리적인 세상을 가상성의 논리로 접근하면 오류가 발생한다. 특히 물리성과 가상성이 섞여있는 분야에 가상성의 원리, 또는 물리성의 원리 어느 한쪽만을 적용하는 것은 잘못된 결과를 가져올 수 있다.

가상성과 물리성,
그리고 ICT 미래 예측

■

■

■

　미래의 ICT 예측과 관련해서 얼마 전에 화제가 되었던 만화가 있다. 1965년에 이정문 화백이 그린 한 컷짜리 만화인데 35년 후의 세상, 즉 2000년의 우리 생활을 예측한 것이다.[*] 이 만화는 35년 전에 한 예측임에도 매우 정확해서 화제가 되었다.

　찬찬히 살펴보면 이 만화에서 예측한 것들은 달나라로 수학여행을 가는 것을 빼고는 대부분 이루어졌지만, 이루어진 정도는 기술마다 차이가 있음을 알 수 있다. 각 기술의 실현 정도를 표로 정리해 보면 다음과 같다. 사람에 따라 다른 의견이 있을 수 있지만 저자가 최대한 객관적으로 평가하려고 하였고 2000년이 아닌 2016년 현재를 기준으로 하였다.

---

[*] 권길여, "1965년에 2000년대 모습을 99% 예측한 만화가," Insight, 2015년 10월 18일.

◉ 1965년에 예측한 2000년대 생활

기술의 종류	실현 정도	비고
달나라 수학 여행	○○○○○	현재 수 억 원의 비용을 내면 지구궤도를 관광할 수 있는 정도의 상품이 시험적으로 제공되고 있다.
원격 진료	◐○○○○	몇몇 병원에서 원격진료 시스템을 시험적으로 사용하고 있지만 아직은 일반화되지 않았다.
움직이는 도로 (무빙워크)	●○○○○	에스컬레이터를 포함하면 훨씬 더 실현 정도가 높겠지만 원작에 충실하게 무빙워크로만 한정한다.
전기자동차	●○○○○	최근에 테슬라 등으로 인해서 보급이 크게 늘고 있다.
태양열 주택	●◐○○○	태양열 주택 자체는 많지 않지만 태양열 에너지 활용 전체를 대상으로 하였다.
로봇청소기	●●○○○	원작에서 말한 것과는 다른 형태이지만 지능을 가진 청소기라는 의미에서 현재 판매되는 로봇청소기를 대상으로 하였다.
원격 교육	●●●○○	인터넷 강의가 일반적이 되기는 하였지만 아직도 학교를 가거나 교육시설에서 직접 교육받는 경우가 많기 때문에 생각보다는 실현 정도가 낮게 평가되었다.
전자 레시피	●●●◐○	실제로 모두가 사용하는 것은 아니지만 원하면 쉽게 사용할 수 있기 때문에 실현 정도가 높게 평가되었다.
소형TV, 전화기 (스마트폰)	●●●●◐	스마트폰은 거의 누구나 사용하지만 아직도 보급률이 100%는 아니다.
전파신문(인 터넷)	●●●●●	인터넷은 스마트폰보다는 보급률이 높다.

○ 기술의 종류별 예측 정확도

PART 1 기술혁명을 통찰하는 프레임워크, 가상성과 물리성

실현 정도가 높은 기술, 실현 정도가 낮은 기술

기술에 따라 이렇게 실현된 정도가 다른 것은 예측 당시에 각 기술에 대한 충분한 정보를 가지지 못해서 기술별로 예측의 합리적인 정도가 달라서라고 생각할 수도 있다. 그렇지만 이정문 화백의 인터뷰를 보면 당시에도 신문을 빠짐없이 읽으면서 그 당시의 정보로는 최대한 정확한 예측을 위해서 노력했다고 한다.* 또한 그 당시 미래를 예측한 다른 자료에서도 비슷한 예측들을 볼 수 있다. 따라서 각 기술에 대한 예측은 동등하게 합리적인 근거로 이루어졌다고 볼 수 있으며, 그 실현 정도가 기술에 따라 차이가 나는 것은 어떤 다른 이유가 있을 것이다.

표를 자세히 보면 실현 정도가 높은 기술은 대부분 정보처리와 관련된 것이고 실현 정도가 낮은 기술은 물리적인 성질(물리적인 이동 등)이 강한 기술이다. 특히 물리적인 이동이 가장 큰 요소인 달나라 여행은 전혀 실현이 되지 않았음을 볼 수 있다. 또한 실현 정도가 가장 높은 아래 4개의 기술은 모두 정보를 처리하는 가상성이 강한 기술이라고 할 수 있다.

가상성이 강한 기술은 발전 속도가 빠르지만 물리성이 강한 기술은 발전 속도가 느리기 때문에 이런 차이가 나타나는 것이라고 볼 수 있다. 예를 들어 원격교육(인터넷 강의, 온라인 MBA 등)과 원격진료를 보면 원격으로 서비스를 한다는 점에서 비슷하지만 실현 정도에서는 원격교육

---

*박근태, "이정문화백 '미래 내다본 상상력 어디서 왔냐고요? 50년 신문스크랩이죠'", 매일경제, 2016년 4월 1일.

이 훨씬 앞서 가고 있다. 물론 여기에는 법적인 규제가 큰 원인으로 작용한다. 그렇지만 법적인 규제가 전혀 없다고 해도 원격진료가 원격교육만큼 일반화 되지는 않을 것이다. 그 이유는 원격진료를 위해서는 다양한 물리적인 활동들이 필요하기 때문이다. 열을 재고, 신체를 두드려보고 소리를 듣는 등의 활동이 필요하고 경우에 따라서는 혈액 샘플을 채취해서 검사해야 할 경우도 있다. 이 중 디지털화되어서 가상화될 수 있는 부분도 있지만 그렇지 않은 부분이 많기 때문에 실현 정도가 낮은 것이라고 볼 수 있다.

여기서 우리가 알 수 있는 것은 미래의 ICT 혹은 다른 기술에 대한 예측에서 모든 기술의 발전 속도가 비슷할 것으로 예측하는 오류를 범하지 말아야 한다는 것이다. 미래 예측은 각 기술의 가상성과 물리성의 정도를 판단해 이루어져야 한다.

ICT에 대한 이해에서 가장 핵심적인 개념인 가상성과 물리성에 대해 살펴보았다. 이후에는 현재 중요하게 등장하고 있는 ICT에 대해 살펴볼 것이다. 우선은 각 기술이 어떤 것이고 어떻게 발전하고 있는지에 대해 설명할 것이다. 그리고 가상성과 물리성의 개념을 적용해서 이들 기술의 앞으로의 전망에 대해서도 얘기해 보고자 한다.

PART
02

4차산업혁명을
이끌고 있는 인공지능

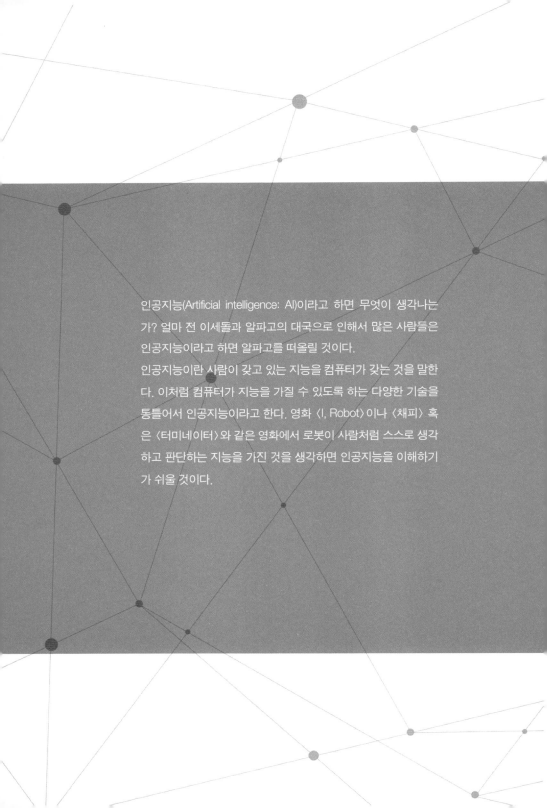

인공지능(Artificial intelligence: AI)이라고 하면 무엇이 생각나는 가? 얼마 전 이세돌과 알파고의 대국으로 인해서 많은 사람들은 인공지능이라고 하면 알파고를 떠올릴 것이다.

인공지능이란 사람이 갖고 있는 지능을 컴퓨터가 갖는 것을 말한 다. 이처럼 컴퓨터가 지능을 가질 수 있도록 하는 다양한 기술을 통틀어서 인공지능이라고 한다. 영화 〈I, Robot〉이나 〈채피〉 혹 은 〈터미네이터〉와 같은 영화에서 로봇이 사람처럼 스스로 생각 하고 판단하는 지능을 가진 것을 생각하면 인공지능을 이해하기 가 쉬울 것이다.

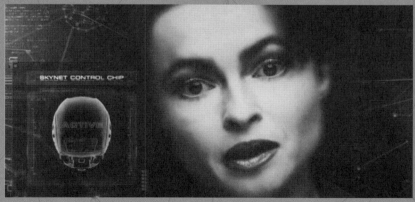

● 영화 속의 인공지능 (Source : Official Trailers)

기계가 학습을
한다고?

컴퓨터가 만들어진 때부터 컴퓨터가 스스로 생각하는 지능을 불어 넣으려는 노력은 계속되어 왔다. 초기의 인공지능 연구에서는 주로 사람들이 생각하는 방식을 규칙의 형태로 만들어서 컴퓨터에 입력하려는 시도를 하였다. 예를 들어, 사람과 체스 대결을 할 수 있는 컴퓨터를 개발하는 경우에는 체스 판에 있는 말의 움직임에 대한 모든 경우의 수를 컴퓨터에 입력했다. 그리고 상대방의 수에 따라서 이런 경우에는 이렇게, 저런 경우에는 저렇게 하는 식으로 규칙을 입력해서 체스를 두는 컴퓨터를 만들었다. 이런 방식은 체스와 같이 경우의 수가 명확히 정해져 있는 경우에는 잘 작동을 하지만, 그렇지 않은 경우에는 정확하지 않다는 단점이 있었다. 바둑이 대표적인 예인데, 바둑은 경우의 수가 너무 많기 때문에 체스처럼 모든 경우의 수를 탐색하는 것이 현재로는 불가능하다. 그렇기 때문에 경우의 수를 따져서 규칙을 만드는 방식으로는 좋은 결과를 낼 수 없다. 대신에 어떤 패턴을 학습하는 것이 필요하다. 알파고도 가능한 경우의 수를 모두 탐색하는 방식이 아니라 과거의 대국으로부터 학습한 패턴을 바탕으로 다음 수를 결정하는 방식을 사용한다.

컴퓨터와 인간은 장단점에서 서로 보완적이라고 할 수 있다. 컴퓨터는 대용량의 데이터를 저장하고 숫자 계산을 하는데 뛰어나다. 그에 비해 사람은 언어와 같이 모호한 데이터와 패턴을 다루고 직관적인 결정을 하는데 뛰어나다. 컴퓨터가 지능을 갖기 위해서 극복해야 하는 가장 큰 분야가 모호한 데이터 처리와 직관적인 결정 능력이다. 예를 들어서 "오늘 날씨가 어때?"와 같은 불명확한 질문에 대해 사람들은 대화 상대가 누구인가, 질문을 한 맥락은 무엇인가 등을 파악해서 "아주 좋아." 혹은 "좀 더운데?" 같이 다양한 답변이 가능하다. 그렇지만 규칙을 사용하는 컴퓨터의 경우에는 미리 입력된 경우 중에 하나만 선택해서 답변할 수 있을 뿐이다. 그래서 사람이 컴퓨터와 대화를 하는 경우, 정말로 뛰어난 컴퓨터가 아니라면 몇 마디의 대화만으로도 상대가 사람이 아니라는 것을 금방 눈치 챌 수 있다.

인공지능 기술의 성능을 측정하는 테스트 중에 가장 유명한 테스트는 '튜링 테스트(Turing test)*'이다. 이것은 사람들에게 상대가 컴퓨터인지

---

* 컴퓨터 발전에 큰 공헌을 한 컴퓨터 천재 알랜 튜링(Alan Turing)이 1950년에 제안한 테스트이다.

실제 사람인지를 알려 주지 않고 문자로 대화를 하게 한 후에 사람들이 상대가 컴퓨터인지 알아차리지 못하는 경우, 컴퓨터의 인공지능 기술이 뛰어난 것으로 인정하는 테스트다. 결국 '튜링 테스트'는 언어 분야와 모호한 작업에 대한 컴퓨터의 능력을 테스트함으로써 인공지능 기술 수준을 평가 하는 것이라고 할 수 있다.

기계가 학습을 하기 시작했다

신용카드 회사를 예로 들어 규칙기반 인공지능과 기계학습을 비교해 보기로 하자. 신용카드회사에서는 카드의 부정사용을 막는 것이 아주 중요한 일이다. 과거에는 부정사용을 막기 위해 사람이 규칙을 만들어서 적용을 했다. 예를 들어, "밤 몇 시 이후에 얼마 이상을 사용하면 승인을 막아라."(늦은 밤에 큰 금액을 결제하는 경우는 범죄일 가능성이 높기 때문이다), 혹은 "100km 이상 떨어져 있는 두 개의 서로 다른 가맹점에서 1시간 이내에 승인을 요청하면 막아라."(짧은 시간에 먼 거리를 이동할 수는 없을 것이므로) 등등의 수많은 규칙을 만들어서 적용했다.

그런데 문제는 사람이 생각할 수 있는 규칙에는 한계가 있다는 점이다. 위의 규칙을 따를 경우, 예를 들어 온라인에서 수천 km 떨어진 가맹점에서 연달아서 결제하면 정당한 사용이 거부될 수도 있다. 반대로 부정 사용자가 밤에 소액으로 여러 번 나누어서 결제하는 방법으로 규칙을 피해 갈 수도 있을 것이다.

규칙기반의 인공지능 기술이 한계에 부딪치자 새롭게 생각해 낸 방법이 기계가 학습을 하게 하는 것이다. 기계가 학습을 한다? 잘 상상이 안 될 수도 있는데, 최근에 우리 생활과 밀접한 분야에서 실제로 사용되고 있다.

여기서 말하는 기계는 컴퓨터를 의미한다. 그러므로 기계학습은 컴퓨터가 학습을 하는 것을 말한다. 기계학습은 사람의 학습처럼 스스로 고차원적인 학습을 하는 단계에는 아직 이르지 못했다. 컴퓨터가 데이터를 분석해서 어떤 규칙을 스스로 발견하고 이것을 다른 곳에 적용하는 것이 현재의 수준이다. 미래에는 데이터 외에도 시각, 청각, 촉각과 같이 컴퓨터가 직접 보고 감지한 것을 바탕으로 학습을 할 정도로 발전할 수도 있을 것이다. 그러나 현재는 숫자나 문자 또는 이미지(이것도 결국은 숫자로 변환된다)로 된 데이터를 바탕으로 학습하는 정도의 단계라고 생각하면 된다. 알파고도 결국은 '기보'라는 숫자로 변환된 데이터를 바탕으로 학습을 한 경우이다.

기계학습은
어떻게 이루어지는가

답이 있는 문제와 답이 없는 문제

기계학습에는 수없이 많은 종류의 알고리즘이 있고, 각 알고리즘을 수많은 연구자들이 연구하고 있다. 기계학습을 전공하지 않는 사람들은 그 구체적인 알고리즘까지 알 필요는 없지만, 기계학습의 두 가지 종류의 차이 정도는 구분할 필요가 있을 것 같다.(더 관심이 있는 독자는 박스로 설명되어 있는 협업필터링과 신경망 분석 방법을 읽어보면 좋을 것이다)

기계학습은 크게 나누어 보면 답이 있는 문제를 학습하는 방식 (supervised learning)과 답이 없는 문제를 학습하는 방식(unsupervised learning)

이 있다.

　답이 있는 문제의 기계학습은 과거의 실제 결과에 따른 데이터를 컴퓨터에 입력하고 실제 결과를 가장 잘 예측하게 해주는 규칙을 스스로 만들어 내도록 하는 방식이다. 답이 있는 문제의 기계학습의 예로서 앞의 신용카드 부정사용 감지를 생각해 보자. 부정사용 감지를 위해서 우선 과거 실제 거래정보 데이터를 컴퓨터에 주고 학습을 하게 한다. 과거의 데이터이기 때문에 부정사용이었는지 아니었는지에 대한 실제 결과, 즉 정답이 있다. 컴퓨터는 이런 데이터에 알고리즘을 적용해서 자기 나름의 패턴을 개발한다. 그러고 나서 이 패턴을 현재의 데이터에 적용하면 각 경우에 대해서 부정사용 확률을 구할 수 있다.

　답이 없는 방식의 기계학습의 대표적인 예로는 집단 분류가 있다. 고객들을 특성에 따라서 몇 개의 집단으로 분류하는 경우를 생각해 보자. 고객의 특성을 나타내는 나이, 지역, 수입, 직업 등의 정보를 컴퓨터에 입력하고 스스로 분류하라고 시킨다. 이 경우에는 고객을 어떻게 분류해야 한다는 정답이 있는 것은 아니다. 컴퓨터는 각 집단에 속한 고객들이 가능하면 최대한 잘 구별이 되도록 집단을 분류할 뿐이다. 이렇게 고객을 분류하고 나면 고객의 특성 변수 중, 어떤 것이 고객 집단을 구분 짓는 가장 중요한 변수인지를 알 수 있다. 예를 들어, 나이가 중요한 변수인지 아니면 직업이 중요한 변수인지 등을 분류된 집단을 관찰함으로써 알아낼 수 있는 것이다. 이렇게 미리 정해진 답은 없지만 어떤 분석을 함으로써 사후 학습을 하는 기계학습 방식이 답이 없는 문제를 학습

　　　　　　　PART 2 4차산업혁명을 이끌고 있는 인공지능

하는 방식이라고 할 수 있다. 현재 우리 생활에 효과적으로 사용되는 대부분의 기계학습 방식은 답이 있는 문제를 학습하는 방식이다.

기계는 어떻게 더 잘 배우게 되었나

기계학습이 적용되는 분야가 최근 들어 늘어나고 있다. 데이터의 양이 늘면서 기계가 학습을 더 잘 할 수 있게 되었고, 기계학습의 방식 또한 개선되었기 때문이다. 기계학습을 포함해서 인공지능 기술은 사실 아주 새로운 것은 아니다. 이미 수십 년 전부터 연구되어 온 기술이다. 문제는 수십 년을 연구해도 사람의 지능과 판단에는 한참 못 미치는 수준밖에 안 된다는 것이었다. 그래서 한때 인공지능은 실패한 분야로 여겨지기도 했다. 그런데 최근에 데이터가 늘어나면서 수작업으로는 도저히 제시간에 분석을 할 수 없는 것들이 많아지게 되었다. 그래서 분석을 아예 하지 않는 것보다는 덜 정확하더라도 분석을 하는 것이 낫기 때문에 기계학습 기술이 많이 적용되고 있는 것이다.

여기에 더해서 많은 양의 데이터를 분석하게 되니 기계학습의 정확성 또한 높아졌고, 사람의 분석으로는 얻을 수 없는 새로운 결과도 얻게 되었다. 사람도 선생님이 좋아야 잘 배울 수 있는 것처럼 기계도 학습대상인 데이터가 좋으면 더 잘 배우고 정확한 결과를 낼 수 있게 된다. 학습에 사용되는 데이터가 제한적인 경우 결과가 부정확하게 되는 대표적인 원인은 과적합(overfitting)이다. 즉, 주어진 데이터에 너무 맞추다 보니 다른 데이터에 대해서는 부정확한 결과를 내게 되는 것이다. 학습에 다양한 종류의 많은 데이터가 사용되면 과적합은 줄어든다.

인터넷이 등장한 후에 수집되는 데이터의 양이 기하급수적으로 늘면서 기계는 더 잘 배울 수 있게 됐다. 기계학습 기술 또한 상당히 개선되어서 좋은 결과를 많이 보고 있다. 특히, 기계학습 기술의 하나인 딥러닝(deep learning)이 개발되면서 과거보다 더 정확한 기계학습이 가능해졌다.

이처럼 늘어난 데이터와 개선된 알고리즘이 일종의 선순환을 일으키고 있다. 데이터가 늘어나면 기계학습의 정확도가 높아지고 수요가 늘어난다. 수요가 늘어나면 다양한 분야를 위한 기계학습의 알고리즘의 개선은 더 빠르게 이루어진다. 또한 다양한 적용분야에서 수집된 다양한 데이터는 다시 학습을 위해 활용됨으로써 정확도를 더욱 높이는 선순환 구조를 만들고 있는 것이다.

이러한 선순환 구조는 인공지능의 특성에 기인한 바가 크다. 인공지능은 주로 가상의 데이터를 다루는 기술이다. 따라서 가상성이 큰 분야라 할 수 있다. 그러므로 가상의 정보만 빨리 정확히 처리하면 얼마든지 기술이 향상 될 수 있다. 인공지능을 위한 데이터는 가상성의 특성상 앞으로 더 낮은 비용으로 더 많이 사용할 수 있게 될 것이다. 또한 기술의 발전 속도도 빨라서 더 정확한 인공지능 기술을 더 많은 분야에 적용할 수 있게 될 것이다.

기계학습에
사용되는 기술

　기계학습에 사용되는 기술은 매우 다양하지만 주로 사용되는 기술 두 가지에 대해서 설명을 하기로 한다.

1) 추천(Recommendation) 알고리즘

추천 기술은 사람들의 행동으로부터 각각의 취향이나 니즈를 학습하는 것이다. 추천을 위해 많이 사용되는 기술은 협업필터링(collaborative filtering)이라는 기술이다. 간단히 설명하면, 협업필터링은 취향이나 물건의 구매패턴이 비슷한 사람들을 찾아서 이를 바탕으로 추천을 하는 것이다.

　예를 들어, A라는 사람에게 추천을 해준다고 하자. 다른 사람들과 A가 물건 구매형태나 취향이 얼마나 비슷한지 분석을 했더니 X, Y, Z 라는 세 사람이 가장 비슷했다고 하자. 그러면 이 세 사람이 구매했거나 좋아한다고 한 제품은 A도 좋아할 가능성이 높기 때문에 이것을 A 에게 추천하는 것이 협업필터링 기술이다.

사용자 \ 영화	M1	M2	M3	M4	M5	U1과의 상관계수
U1	2	5	3			-
U2	4	4	3	5	1	0.19
U3	1	5	4		5	0.89
U4	3	5	3	2	5	0.94
U5	4	5	3	4		0.65
U3와 U4의 평균	2	5	3.5	2	5	

(1=재미없다, 5=재미있다)

● 협업필터링의 작동원리

위의 표처럼 사용자 U1을 위해 영화를 추천하는 경우를 생각해 보자. U1이 평가한 세 개의 영화(M1, M2, M3)를 바탕으로 U1과 비슷한 취향을 가진 사람을 골라내기 위해서 나머지 사용자와 U1과의 상관계수를 구해보면 U3와 U4가 상관계수 0.89와 0.94로 가장 높음을 알 수 있다. 그 다음 단계는 U3와 U4의 평가를 바탕으로 U1이 좋아할 영화를 찾는 것이다. U1이 아직 관람하지 않은 영화는 M4와 M5인데, 이 두 영화에 대한 U3와 U4의 평가의 평균이 2와 5이므로 더 높은 값을 갖는 M5를 U1에게 추천하면 될 것이다.

현재 협업필터링 추천 기술을 가장 적극적으로 사용하고 있는 대표적인 회사는 아마존(www.amazon.com)과 넷플릭스(www.netflix.com)다. 아마존은 초창기부터 고객들이 관심을 가질 만한 물건을 추천하는 시스템을 개발해서 잘 활용하고 있다. 넷플릭스도 영화를 소비하는 고객들의 과거 영화선택 패턴과 영화에 대한 평가를 바탕으로 고객이 좋아할만한 영화를 매우 정확하게 추천하는 시스템을 사용하고 있다.

추천 시스템도 결국에는 사람들의 행동을 예측하는 시스템이기 때문에 사람들의 행동 분석이 필요한 다양한 분야에 사용될 수 있다. 앞에서 예로 들었던 신용카드 부정사용 감지에도 적용할 수 있다. 우선 부정사용인지 판단해야 되는 결제 데이터(일시, 금액, 사용 장소, 가맹점 종류 등)와 가장 근접한 과거의 거래 사례를 뽑아낸다. 이렇게 뽑힌 과거 사례와 현재 거래는 특성이 비슷하다고 볼 수 있다. 이들 과거의 거래사례에 대한 데이터에는 부정사용이었는지 아니었는지 실제 기록이 있다. 만약에 뽑힌 과거 사례 중 부정사용이었던 경우가 거의 없다면 이 거래도 부정사용의 가능성이 적고, 부정사용이 대다수였다면 이 거래도 부정사용 가능성이 많다고 결론을 내릴 수 있다.

2) 신경망 분석(Neural network analysis)

기계학습에 많이 사용되는 또 다른 기술은 신경망분석(Neural network analysis: NNA)이다. 이 기술은 사람의 뇌가 신경세포간의 연결을 통해서 기억도 하고 학습도 한다는 점에 착안해서 개발된 기술로서 데이터 간의 연결의 정도를 학습을 하게 된다. 앞서 설명한 신용카드 부정사용의 예를 보자.

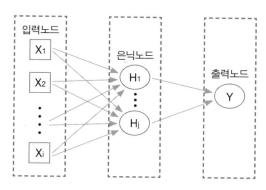

○ 신경망 분석의 작동원리

신용카드 부정사용을 판단하는 데에는 입력(위 그림에서 X), 즉 금액, 시간, 가맹점 종류와 같은 거래의 특징 변수가 있다. 그리고 출력(위 그림에서 Y), 즉 부정사용인가 아닌가라는 결과가 있다. 경우에 따라서 입력과 출력 사이에 은닉 층(위 그림에서 H)이 존재하기도 한다.

신경망 분석은 이들 입력변수와 출력변수 간의 연결의 정도를 학습하게 된다. 과거 데이터를 보니 부정사용이라는 출력과 가장 관련이 많은 변수가 승인을 요청하는 가맹점의 종류라면 이 변수와 부정사용 사이에 강한 연결을 기록하고, 그 다음으로 승인요청 금액이 부정사용과 관련이 많다면 이 둘 사이에 그 다음 강한 연결을 기록하는 식이다. 그러고 나서 실제 데이터에 이들 연결의 정도를 적용하면 부정사용의 가능성을 계산할 수 있게 된다.

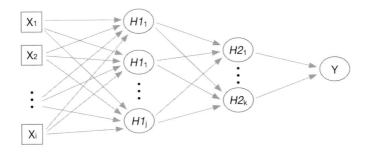

○ 다층(Multi-layer) 신경망

앞의 그림 〈신경망 분석의 작동원리〉에는 입력과 출력 사이에 하나의 은닉 층만 있다. 위의 그림 〈다층 신경망〉과 같이 다수의 층을 두게 되면 훨씬 더 정교한 분석이 가능하고 결과가 더 정확해 진다. 신경망 분석에서 컴퓨터가 학습하는 것은, 결국은 수많은 경우의 수를 잘 구분 짓는 경계선을 찾는 것이라고 할 수 있다. 부정사용과 아닌 경우를 구분하는 최적의 경계선을 찾기만 하면 어떤 거래가 그 경계선 밖에 있는지 안에 있는지에 따라 예측을 할 수 있기 때문이다.

데이터가 복잡해질수록 경계선은 복잡해진다. 다수의 은닉 층을 두면 신경망 분석의 성능이 좋아지는데, 그 이유는 기계장치의 관절을 생각하면 쉽게 이해할 수 있다. 복잡한 기계장치에 추가적으로 쇠막대기(경계선)를 집어넣는다고 생각해 보자. 쇠막대기의 관절이 많을수록 복잡한 기계장치에 쉽게 맞출 수 있을 것이다. 신경망 분석에서는 은닉 층이 관절의 역할을 한다. 따라서 은닉 층이 많아지면 복잡한 데이터에도 잘 적용되는 규칙을 찾아낼 수 있고, 더 잘 맞는(정확한) 결과를 가져온다고 생각하면 된다. 물론 은닉 층이 많아지면 계산이 복잡해지는 단점은 있다.

최근 많이 얘기하는 딥러닝(Deep learning)은 신경망 분석 방법을 수많은 계층으로 정교하게 구성해서 학습을 시키는 것을 말한다. 심도 있는 전혀 새로운 방법으로 학습을 하기 때문에 딥러닝이라는 이름을 붙인 것이 아니라, 신경망이 다수의 계층으로 복잡하게 구성되어있다는 의미에서 이름을 붙인 것이라 생각하면 된다. 딥러닝을 사용하면 매우 복잡한 데이터의 경우도 상당히 정확한 결과를 얻을 수 있다. 따라서 앞으로 더욱 많이 활용될 것으로 예상된다.

기계가 인간을 따라 하기
시작했다

■
■
■

학습 방법이 달라졌다

한때 한계에 부딪혀서 답보상태였던 인공지능이 기계학습, 특히 딥러닝과 같은 새로운 기술을 발판 삼아 새로운 도약의 단계에 접어들었다. 그러면 현재의 기계학습을 사용한 인공지능 기술과 과거의 기술은 어떻게 다른가? 어떤 차이점 때문에 인공지능/기계학습이 미래에 큰 영향을 미칠 것이라고 예상되는 것일까? 가장 큰 차이는 지능을 쌓아가는 방법, 즉 기계학습의 방법이라고 생각한다.

추론 방법에 비유하자면, 과거의 인공지능은 연역법, 현재의 인공지능은 귀납법이라고 할 수 있다. 과거에는 인간의 지능을 세세하게 분석해서 이를 기계에 심으려고 했다. 예를 들어 인간에게 A라는 자극을 주었을 때, B라는 반응을 보인다면 왜 A가 B라는 반응을 이끌어 내는지에 대한 이유와 원리를 알아내서 이를 컴퓨터에 이식하려고 한 것이다. 이에 비해 현재의 기계학습 방식은 자극(입력)과 반응(출력)에 대한 수십만, 수백만 가지 과거자료를 컴퓨터에 던져주고 신경망 분석과 같은 기법을 사용해서 컴퓨터가 스스로 이들 사이의 관계를 찾아내는 방식을 사용한다. A라는 자극에 대해 B라는 반응이 왜 일어나는지 분석할 필요도 없고, 컴퓨터도 그 이유를 학습하지는 않지만, 기계학습이 잘 진행되면 A라는 자극에 대해서 B라는 반응을 보이게 된다. 즉 인간과 비슷한 행동을 할 수 있게 되는 것이다. 게다가 학습을 위한 데이터에는 없는 아주 새로운 자극(입력)에 대해서도 나름의 반응(출력)을 만들어 낼 수 있는 능력도 생긴다는 것이 이런 학습방법의 장점이다. 여기에 학습에 사용할 수 있는 데이터의 양이 급격히 늘면서 학습의 정확도가 크게 올라가게 됐다. 이와 같은 새로운 인공지능/기계학습의 영향을 보여주는 사례를 두 가지 살펴보기로 한다.

기계학습을 활용한 번역

과거의 번역 기술은 언어의 구조에 대한 분석을 통해서 번역을 하려는 것이 기본적인 방향이었다. 예를 들어, 영어 'I eat an apple'을 한국

PART 2 4차산업혁명을 이끌고 있는 인공지능

어로 번역하려면 우선 'I'는 대명사로서 주어이고 'eat'는 동사이며, 'an' 은 부정관사, 'apple'은 명사로 목적어 역할을 한다는 등의 번역될 언어에 대한 컴퓨터의 이해가 필수적이다. 거기에 더해서 'I'에 해당하는 한국어 단어가 '나'인데, 한국어에는 조사 '는'이 필요하고, 목적어가 동사보다 앞에 위치한다는 등, 번역할 언어에 대한 이해도 있어야 한다. 그런데 언어는 수학식처럼 정확한 규칙이 존재하지 않기 때문에 같은 문장도 상황에 따라 의미가 달라질 수 있다. 기존의 기계번역은 이러한 다양한 경우의 수를 다 규칙화할 수 없기 때문에 정확성이 낮은 수준에 머물러 있었다.

이에 비해 기계학습을 활용한 번역은 번역할 문장과 번역된 문장이 대응된 학습 자료를 던져주고 기계가 학습을 하게 하는 방법을 사용한다. 여기에는 앞의 박스에서 설명한 신경망 분석 방법이 주로 사용된다. 기계는 학습 데이터로부터 두 언어의 연관관계를 스스로 학습하고, 이를 바탕으로 새로운 문장을 주면 다른 언어로 번역한다. 학습 데이터가 많고 정확할수록 더 좋은 번역이 가능하다. 이러한 기계학습 방식은 앞의 분석적 방법에 비해 상당히 자연스러운 번역 결과를 내놓는다는 장점이 있다.

이런 번역 시스템의 학습을 위한 데이터로 좋은 것 중 하나는 문학 작품처럼 다양한 어휘를 사용하는 원본이 있고 이에 대한 번역본이 존재하는 경우이다. 원본과 번역본은 1:1 대응이 되고 양도 많기 때문에 좋은 학습 데이터가 된다. 한 가지 재미있는 점은 학습 데이터를 어떤

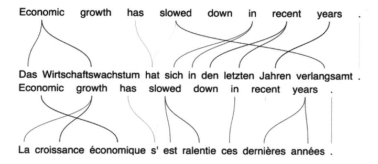

○ 신경망분석 기법을 사용한 기계 번역의 예 (출처 : http://devblogs.nvidia.com/parallelforall/)

것을 제공하느냐에 따라 번역의 느낌이 달라질 수 있다는 것이다. 예를 들어 번역가 A가 번역한 작품을 학습 데이터로 사용하면 기계가 이를 학습하기 때문에 번역할 때 선택하는 단어라든지 어투가 번역가 A를 닮게 된다.

기계학습이 재고/물류 관리 방식을 바꾸고 있다

현재 기업의 재고관리는 과거의 'Push'모델에서 'Pull'모델로 변화하고 있다. 기업이 판매에 대한 예측을 바탕으로 제품을 생산해서 밀어내고 이를 창고에 쌓아 놓고 판매하는 것이 Push모델이라면, 고객이 주문을 하면 이 정보가 실시간으로 공장에 전달되어서 즉시 생산하고 배송하는 것은 Pull모델이다.

Push모델에서 Pull모델로 바뀌는 이유는 Pull모델이 여러 가지 장점을 가지고 있기 때문이다. Push모델은 어떤 제품이 다음 달 혹은 다음 주에 얼마가 팔릴지에 대한 예측을 기반으로 한다. 예측이 보통은 잘 맞지 않기 때문에 불확실성에 대비하기 위해서 많은 재고를 유지하게 된다. 그런데 지난 수십 년간 경영학에서 계속해서 강조한 바와 같이 재고는 수많은 비효율을 가져오기 때문에 Push모델은 비효율적이다. 이에 비해 Pull모델은 고객이 주문을 해야만 생산을 하기 때문에 재고를 최소화하여 효율성을 높일 수 있다. 그래서 "재고 최소화를 위한 Pull모델이 Push모델보다 낫다."는 것이 경영학계의 정설이다.

Pull모델이 좋기는 하지만 제품의 종류에 따라서는 적용이 불가능한 경우가 있다. 예를 들어, 제품을 생산하는데 시간이 오래 걸리면서도 고객이 즉시 구입하기를 원하는 옷과 같은 제품은 재고가 없으면 판매 기회를 잃게 되기 때문에 재고를 유지하는 Push모델이 오히려 나을 수도 있다. 그런데 만일 지역별로, 혹은 매장별로 정확한 수요예측이 가능하다면 어떨까? 각 매장별로 각 모델별로 어떤 옷이 매일(아니면 최소한 주 별로) 얼마나 팔릴지 정확히 예측할 수 있다면 제품을 만들어서 미리 매장에 갖다 놓는 것이 더 나을 수도 있다. 이렇게 하면 물건이 없어서 못 파는 기회손실이 최소화되기 때문에 성과가 크게 향상될 것이다. 이처럼 정확한 예측이 가능하다면 Pull모델이 일반적인 산업도 Push모델로 바뀔 수 있다.

우리나라에서 자동차는 Pull모델이 많이 사용되는 산업이다.[*] 자동차는 고가이고 한번 구매하면 오래 사용하기 때문에 고객들은 시간이 걸리더라도 자신이 원하는 색상과 사양을 가진 자동차를 구입하고 싶어 한다. 그래서 고객이 원하는 자동차 사양을 공장에 주문하면 며칠이나 몇 주를 기다려 제품을 손에 넣게 된다. 그런데 어떤 자동차 회사가 지역별로, 혹은 판매점별로 판매될 자동차 사양을 정확히 예측해서 자동차를 생산한 뒤 판매점에 공급하면 상황은 달라질 것이다. 이렇게 되면 고객은 기다릴 필요 없이 자신이 원하는 제품을 구입할 수 있게 된다. 이와 같은 방식은 '예측배송'이라고 할 수 있는데, 회사가 정확한 예측을 바탕으로 판매될 제품을 미리 판매점에 갖다 놓는 것이기 때문이다.

비현실적이라고 생각할 수 있지만, 이미 아마존이 현실화 하고 있는 방식이다. 아마존은 2014년에 '예측배송(anticipatory shipping)'에 대한 특허를 획득하였다.[**] 이 특허에 따르면 아마존은 고객이 온라인으로 주문을 하기 전에 미리 주문을 예측하고 그 제품을 며칠 전에 해당 고객의 주거 지역에 가까운 창고에 배송을 함으로써 고객이 주문을 하면 즉시 제품을 받을 수 있도록 한다는 것이다. 이 방식의 성공의 핵심은 얼마나 정확한 예측을 하는가인데, 여기서 기계학습 방법이 큰 역할을 할 수 있

---

[*] 미국과 같이 독립적인 자동차 딜러(Dealer)만이 자동차를 판매할 수 있는 법규를 가진 나라에서는 어쩔 수 없이 Push모델을 사용하기도 한다.

[**] "Amazon wants to ship your package before you buy it," The Wall Street Journal, 2014년 1월 17일.

PART 2 4차산업혁명을 이끌고 있는 인공지능

을 것이다. 아마존은 이미 정확한 추천시스템으로 명망을 얻고 있기 때문에 여기에서 얻은 기술이 큰 도움이 될 것으로 예상된다.

이 방식이 잘 작동한다면 기존의 비즈니스에 대한 상식을 뒤엎는 혁신적인 변화가 일어날 것이다. 무엇보다 온라인 쇼핑의 가장 큰 단점인 배송시간을 없앨 수 있다는 점에서 혁신적이다. 현재 온라인 쇼핑의 시장점유율이 높아지고 있기는 하지만 아직도 '즉각적인 구매'가 필요한 식료품이나 생필품은 배송시간 때문에 오프라인에서 많이 구입하고 있다. 그런데 만일 예측배송이 효과적으로 적용되어서 모든 제품을 1~2시간 이내에 받아 볼 수 있다면 유통에 큰 변화가 있을 것이다. 재고/물류와 같이 인공지능이나 기계학습과는 별 관계가 없을 것 같은 전통적인 비즈니스의 영역에서도 인공지능과 기계학습의 영향이 예상외로 클 수도 있음을 보여주는 좋은 예라고 할 수 있다.

인공지능이 비즈니스를
바꾸고 있다

시간이 지날수록, 우리 생활 곳곳에 인공지능/기계학습 기법이 적용되어서 생활을 편리하게 해 줄 것이다. 예를 들어, 교통신호를 제어하는 방식이 최근에 많이 개선되었다고 느끼는 사람이 많을 것이다. 이는 교통신호 제어에 각 교차로의 교통량과 상황정보를 고려하는 지능형 기술이 적용되었기 때문이다.* 만일 인공지능/기계학습 방법을 적용해서 각 교차로의 상황뿐만 아니라 도시 전체의 교통상황과 수많은 경우의 수를 고려하는 방식으로 고통통제 시스템이 더 개선되면 교통은 더욱 향상될 것이다.

인공지능/기계학습이 비즈니스에 적용될 수 있는 분야는 앞서 설명한 신용카드 부정사용 탐지, 추천 및 재고관리, 제품의 맞춤화 등이다.

---

*지능형 교통시스템(ITS) 구축, 한국지능형교통체계협회, 2014

앞의 두 가지는 설명을 했으니, 상품의 맞춤화에 대해 살펴보자.

금융상품의 경우, 각 고객이 어떤 상품을 선호할지를 예측해서 상품을 구성하고 이를 마케팅에 활용하면 매출을 올리는 데 큰 도움이 될 것이다. 다시 말해, 개별 고객의 특성과 거래 정보를 바탕으로 각 고객이 선호할 금융상품을 구성해서 타깃 마케팅을 한다면 마케팅 효과를 크게 높일 수 있을 것이다. 고객입장에서 관심 있는 금융상품에 대한 권유나 광고가 있으면 자연스럽게 관심을 가지고 구매할 가능성이 높을 것이기 때문이다. 여기서 성공의 핵심은 얼마나 정확하게 개별 고객의 관심사항을 파악하는가이다. 이를 파악하는데 인공지능/기계학습이 큰 역할을 할 수 있을 것이다.

광고도 각 개인의 구매패턴과 선호에 맞춰 타깃팅을 정확히 할 수 있다면 더 큰 효과를 볼 수 있을 것이다. 영화 〈마이너리티 리포트〉를 보면 지나가는 사람의 홍채를 인식해 누구인지 파악하고 그에 맞는 맞춤형 광고가 표시되는 장면을 볼 수 있다. 개인적으로는 이 장면에 상당한 오류가 있다고 생각하지만* 타깃 광고의 방향성은 잘 보여주고 있다.

인공지능의 또 다른 예로서, IBM이 개발한 인공지능인 왓슨(Watson)은 의료분야에 적용되어 인간 의사보다 더 정확히 암을 진단하고 있다. 폐암의 경우 인간 의사의 진단 정확도는 50% 정도인데 왓슨은 90% 이

---

* 예를 들어, 동시에 많은 사람이 지나가면 그중 누구를 타깃으로 할 것인가 하는 문제, 사람이 많은 곳에서 광고판에 자신의 이름이 불리거나 표시되면 좋아할 사람이 많지 않을 것이라는 문제 등.

상을 기록했다고 한다.* 이렇게 진단 정확도가 높은 이유는 왓슨이 진단을 받는 해당 환자의 의무기록(검사결과, 증상, 가족력 등)뿐 아니라 과거의 수십만에 달하는 다른 환자의 의무기록과 수백만 페이지에 달하는 의학논문을 검색하면서 정보를 종합하고 진단을 할 수 있는 능력을 가지고 있기 때문이다. 원래 IBM 왓슨은 미국의 유명한 퀴즈프로인 〈Jeopardy!〉에 나가서 인간 퀴즈왕을 이겨 화제가 되었을 정도로 자연어 처리에 뛰어나다. 이러한 자연어 처리 능력 덕분에 개인으로서는 도저히 불가능한 수백만 페이지에 달하는 의학 논문을 분석하고 그 결과를 적용할 수 있는 것이다.

인간 의사는 아무리 스마트하고 경험이 많은 사람이라 하더라도 자기가 과거에 경험한 환자(많아야 수천 명)의 정보와 시간 날 때 공부한 의학 논문(많아야 수백 개)에 기반한 진단을 하기 때문에 진단에 사용하는 정보의 양에 있어서 왓슨과 비교가 되지 않는다. 생각해 보자. 왓슨과 같은 시스템이 일반화되면 환자들이 인간 의사의 진단을 신뢰할까, 아니면 왓슨의 진단을 신뢰할까? 미래에 인간 의사가 컴퓨터 의사의 진단에 따라 치료하고 처치할 것이라는 주장(심지어는 수술도 로봇이 할 수 있다)이 전혀 터무니 없어 보이지는 않는다.

---

* Ian Steadman, "IBM's Watson is better at diagnosing cancer than human doctors," Wired, 2013년 2월 11일.

인공지능이 사람의 일을
얼마나 대체할까

■
■
■

현재 사람이 하는 일 중 많은 부분이 인공지능에 의해 대체될 것으로 예상된다. 그중에서도 특히 계산이 많이 필요한, 즉 가상성이 강한 일들은 인공지능이 대체할 가능성이 많다. 가상성이 강한 일이란 규칙이 정해진 계산, 혹은 규칙이 정해지지는 않았지만 그 규칙을 비교적 쉽게 찾아낼 수 있는 일을 말한다. 예를 들어서 수요예측이나 재고관리, 투자 결정 등과 같이 어느 정도 규칙이 명확한 일이 여기에 해당한다. 앞으로 주식이나 펀드와 같은 투자 결정에서 인공지능이 사람보다 더 앞설 것으로 많은 사람들이 예상하고 있다.[*] 투자 결정에는 경제지표, 기업정보, 시장정보와 같은 엄청난 양의 정보처리가 필요한데, 이런 일은

---

[*] 김수헌, "로보어드바이저, 고객 돈 직접 굴린다", 한겨레신문, 2016년 3월 24일.

컴퓨터가 사람보다 더 잘 할 수 있기 때문이다.

인공지능이 발전할수록 사람의 일을 더 많이 대신하겠지만 모든 일을 완전히 대체하지는 못할 것이다. 예를 들어 컴퓨터가 사람보다 더 정확하게 암을 진단할 수 있다면 환자들은 당연히 컴퓨터의 진단을 더 신뢰할 것이다. 그러나 법적인 책임 때문에 컴퓨터가 직접 진단을 하는 형태보다는 컴퓨터의 진단 결과를 인간 의사가 검토해서 최종 판단을 하는 형태가 될 가능성이 많다. 아주 먼 미래에는 컴퓨터도 자신의 진단에 법적 책임을 질 수 있도록 법이 개정되고 진단에 사용되는 인공지능을 만든 회사에서 오진에 따른 책임을 지는 형태로 발전할 수도 있겠지만 모든 분야에서 사람을 완전히 대체하기까지는 오랜 시간이 필요할 것이다.

아무리 인공지능이 발달해도 컴퓨터가 대체할 수 없는 분야가 있다. 그것은 사람의 감정과 예술적 감각이 중요한 분야이다. 컴퓨터는 사람의 예술작품을 흉내 낼 수는 있지만 뛰어난 예술작품을 만들기는 어렵다. 그렇기 때문에 사람의 창의력이 중요한 역할을 하는 예술 분야는 여전히 사람이 해야 하는 일로 남을 것이다. 또한 다른 분야가 컴퓨터에 의해서 대체될수록 예술품은 상대적으로 가치가 더 커질 것이기 때문에 더 유망한 분야가 될 것이다. 과거의 역사를 보면 산업혁명 등을 통해 생산력이 크게 향상되면서 일반 경제 활동에 비해 창조적인 예술 분야의 상대적 가치가 더 커졌음을 알 수 있다.

컴퓨터가 대신하기 어려운 또 다른 분야로는 사람만이 할 수 있는 사람을 위한 서비스가 있다. 이런 서비스의 예로는 교육과 프리미엄 서비스가 있다. 교육은 인터넷 강의와 같이 일반적인 내용은 많은 부분을 컴퓨터가 대신할 수 있지만 고급 교육으로 갈수록 컴퓨터가 대체하기 어려울 것이다. 예를 들어 첨단 연구에 대한 교육이나 1:1 코칭과 같은 것은 컴퓨터가 대신하기 어려울 것이다. 서비스도 일반 서비스는 컴퓨터나 기계로 편리하고 저렴하게 사용할 수 있겠지만 효율이 목적이 아닌 고급스러움이 목적인(즉, 기계가 아닌 사람이 서비스한다는 것이 중요한) 서비스의 경우는 여전히 사람을 필요로 할 것이다. 이러한 서비스의 경우도 서비스에 대한 상대적 가치가 지금보다 더 커져서 더 많은 비용을 지불할 가능성이 높다.

PART
03

빅데이터 그리고
클라우드 컴퓨팅

몇 년 전부터 빅데이터라는 말을 여기저기서 많이 사용하고 있다. 빅데이터 분석은 대량의 데이터를 분석함으로써 예전에는 알지 못하던 것을 알게 되어 경영에 도움을 받는 것을 말한다. 여기서 데이터란 오래 전부터 기업이 체계적으로 관리해 온 회계나 마케팅 등의 데이터 뿐 아니라, 전통적으로 기업이 분석하지 않던 SNS의 메시지나 웹사이트 방문기록 등의 정보를 말한다.

빅데이터와 밀접한 관련이 있는 기술로는 클라우드 컴퓨팅이 있다. 클라우드 컴퓨팅은 빅데이터 분석과 같이 대량의 데이터 처리가 필요한 경우 필요한 시스템을 직접 구입해서 설치하는 대신 필요할 때에만 사용하는 것을 말한다. 예를 들어, 전기가 필요한 개인이나 회사가 자체 발전기를 설치해서 사용하는 것이 과거 우리가 컴퓨터를 사용했던 방식이라면, 전선으로 전기회사와 연결해서 전기를 필요한 만큼만 사용하는 것이 클라우드 컴퓨팅이다. 이처럼 클라우드 컴퓨팅은 필요할 때마다 하드웨어/소프트웨어 응용프로그램 등의 IT 서비스를 사용하는 것을 말한다.

세상에 없던 데이터,
빅데이터

■
■
■

　빅데이터의 성공사례로 많이 거론되는 회사로 미국의 백화점 브랜드인 타깃(Target)이 있다. 타깃에서는 고객의 구매정보를 분석해서 고객이 원하는 바를 예측하고, 이를 맞춤형 쿠폰 발송 등에 이용하는 빅데이터 분석을 수년 전부터 활용하고 있다. 타깃과 같은 유통점에는 고객이 언제 어떤 제품을 샀는지에 대한 데이터가 있기 때문에 정확한 분석이 가능하다. 예를 들어, 철분 보충제, 무향로션, 알코올 솜 등을 구입하는 젊은 여성은 임신했을 가능성이 높다고 판단하여 임산용품 쿠폰을 발송한다.

　임산부들은 임신 단계별로 구입하는 제품이 명확하고, 임신했을 때 선택한 브랜드를 계속 사용하는 경향이 있기 때문에 이런 맞춤형 쿠폰이 효과적으로 적용될 수 있는 고객이다. 이와 관련해서 뉴욕타임즈*에 실린 재미있는 기사가 있다. 어떤 아버지가 타깃에 와서 자신의 고등학생 딸에게 계속 임산용품 쿠폰이 오는데, 기분이 나쁘니 중단해 달라고 항의한 경우가 있었다고 한다. 그런데 며칠 후에 매장 직원이 사과를 하기 위해 전화를 했더니 그 아버지가 자신의 딸이 임신한 것이 맞다고 오히려 사과를 했다고 한다. 부모보다도 먼저 임신 사실을 알 정도로 빅데이터가 정확하다는 의미에서 많이 인용되는 사례이다.

이와 같이 SNS와 같은 텍스트 데이터나, 웹페이지에서 생산되는 다양한 데이터 등과 같이 양이 많은 데이터를 분석해 보면 새로운 비즈니스 아이디어를 얻을 수 있다. 이를 빅데이터 분석이라 부른다.

---

* Charles Duhigg, "How Companies Learn Your Secrets," New York Times, Feb. 16, 2012.

빅데이터 분석에서
사용되는 기술

　　기술적인 측면에서 빅데이터 분석과 기존의 분석이 가장 많이 다른 점은 빅데이터 분석은 대용량 데이터 처리, 혹은 실시간 데이터 처리가 필요한 경우가 많다는 점이다. 예를 들어 고객의 구매데이터를 수집해서 분석하는 경우, 대형 유통점은 실시간으로 쏟아져 들어오는 데이터의 양이 엄청날 것이다. 그래서 이런 데이터를 실시간으로 처리하기 위해 기존의 데이터 분석과 다른 다양한 기술이 개발되고 있다.

　　빅데이터의 또 다른 기술로는 대용량 데이터 처리 기술이 있다. 전통적인 데이터 분석에서는 잘 정돈된 데이터를 데이터베이스에 저장하고 필요한 것을 뽑아 쓰는 형태가 일반적이었다. 그런데 기업의 데이터는 수십, 수백 테라바이트에서 수 페타바이트*에 이르기도 한다. 이런 상황에서 전통적인 데이터베이스를 사용하면 자료 뽑는 것만도 몇 주, 몇 달이 걸릴 수 있기 때문에 제 기능을 발휘하기 어렵다. 그래서 나온 것이 데이터를 수많은 파일에 분산해서 넣어놓고 필요한 데이터만 뽑아서 결합하는 맵리듀스(Map reduce)라는 방식이다. 대표적인

---

* 1 페타바이트는 약 1,000테라 바이트이다.

것으로 하둡(Hadoop)을 들 수가 있는데, 구글이 자신의 대용량 데이터에 적합한 방법을 찾다가 개발한 방법이다.

이와 같이 데이터 처리 기술은 빅데이터에 적합하도록 개발된 새로운 기술이 많다. 그러나 데이터 분석 기술이란 측면에서는 완전히 새로 개발된 분석 기술은 생각보다 많지 않다. 숫자로 된 데이터에 대해서는 기존의 분석기술을 빅데이터에 적용하는 경우가 많다. 1장에서 설명한 기계학습 방법도 많이 사용되고, 전통적인 통계분석 방법을 대용량에 맞도록 변형한 분석 방법도 많이 사용된다.

숫자 데이터와 성격이 다른 것이 SNS에 사람들이 올린 메시지와 같은 텍스트 데이터인데, 이것을 분석하는 데에는 텍스트 마이닝(text mining) 기법을 사용한다. 텍스트 마이닝은 텍스트 분석을 위해 개발된 것으로 기존의 통계 분석과는 다른 기법이다. 그런데 텍스트 마이닝 기법 자체는 빅데이터 분석에서 새롭게 개발된 것이 아니고 오래 전부터 문헌정보학에서 계속 연구되어 온 것이다. 최근에 SNS 등 사용 가능한 텍스트가 늘어나면서 개선된 분석 방법들이 개발되고 있다. 텍스트 마이닝에 대해서는 뒤의 4장에서 더 자세히 다룰 것이다.

가상화, 언제 어디서나,
서비스처럼

■
■
■

수도꼭지를 틀어 물을 사용하듯이

빅데이터 분석에는 대용량 데이터 처리가 필수적이기 때문에 대부분의 경우, 클라우드 컴퓨팅과 결합된다. 클라우드 컴퓨팅에는 클라우드, 즉 구름이라는 단어가 들어가 있다. 컴퓨터를 구름처럼 사용한다는 의미이다. 컴퓨터를 활용하는 사람의 입장에서는 마치 '구름 속에 있는 컴퓨터를 쓰는 것'과 같기 때문이다. 다시 말해 사용자는 구체적인 것은 알수도 없고, 알 필요도 없이 컴퓨터를 활용한다는 의미이다.

요즘 많이 사용하는 웹하드(Web Hard) 혹은 구글 드라이브와 같은 저장 서비스를 생각해 보자. 우리가 파일을 웹하드에 올릴 때, 어딘가에 있는 서버에 저장된다는 것은 알지만, 구체적으로 그 서버가 어떤 종류인지, 어떤 장소에 있는지 모른다. 그리고 굳이 알 필요도 없다. 우리가 알 필요가 있는 것은 단지, 파일을 올리거나 내려 받기 위해 어떤 URL로 들어가면 되는지, 파일을 어떻게 올리고 받는지 정도이다. 이와 같이 마치 가상의 컴퓨터를 사용하는 것처럼 쓸 수 있게 해 주는 것이 클라우드 컴퓨팅이다. 이런 기술은 자료 저장뿐 아니라 워드프로세서와 같은 소프트웨어는 물론이고, SAP와 같은 기업용 시스템에도 적용될 수 있다. 그렇게 되면 이런 시스템을 언제 어디서나 수도꼭지를 틀어 물을 사용하듯이 사용할 수 있는데, 이것이 바로 클라우드 컴퓨팅이다.

클라우드 컴퓨팅은 사용자에게 컴퓨팅 서비스를 제공하기 위한 기본적인 인프라와 플랫폼, 그리고 서비스 제공에 관련된 애플리케이션으로 구성된다.

인프라에는 컴퓨터, 저장장치, 네트워크와 같은 일련의 하드웨어가 포함된다. 컴퓨팅 서비스를 제공하기 위해 가장 기본적으로 필요한 물리적인 시스템이라 할 수 있다. 플랫폼은 대규모의 컴퓨팅 서비스를 제공하기 위해 필요한 체계적인 소프트웨어와 시스템의 결합이라고 할 수 있다. 대규모 데이터베이스, 사용자 관리를 위한 시스템, 작업의 처리를 위한 장치 등이 포함된다. 애플리케이션은 실제로 사용자가 사용하는 소프트웨어라고 할 수 있다.

예를 들어, 어떤 사용자가 클라우드 컴퓨팅을 통해서 워드프로세스를 사용한다면 사용자의 자료가 저장되는 저장장치와 같은 하드웨어는 인프라에 해당한다. 그리고 사용자가 해당 워드프로세서를 사용할 권한이 있는지를 관리하고 필요하면 사용료를 과금하는 시스템, 그리고 사용자의 문서 데이터를 체계적으로 관리하기 위한 데이터베이스 등은 플랫폼이라고 할 수 있다. 이 플랫폼은 워드프로세서에서만 적용되는 것이 아니라 다른 애플리케이션에도 공통적으로 적용된다. 사용자가 실제로 문서 작업을 할 수 있는 워드프로세서 프로그램은 애플리케이션이라고 할 수 있다. 이러한 클라우드 컴퓨팅의 개념을 그림으로 정리하면 다음과 같다.

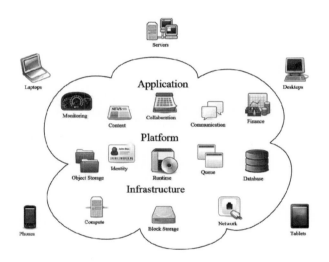

◉ 클라우드 컴퓨팅의 개념[*]

---

* Wikipedia, http://en.wikipedia.org/wiki/Cloud_computing

클라우드 컴퓨팅을 성공적으로 사용한 예로서 뉴욕타임즈를 들 수 있다. ˚ 뉴욕타임즈에는 1851년 9월부터 1980년 12월까지 자사 신문에 실렸던 1,100만 건에 달하는 신문기사를 이미지로 스캔해 둔 것이 있었다. 그런데 문제는 이미지 파일을 온라인으로 서비스하기 좋은 pdf 형식으로 변환해야 하는데, 파일이 많은 관계로 엄청난 양의 계산을 필요로 한다는 것이었다. 뉴욕타임즈는 이 문제를 아마존이 제공한 AWS(Amazon Web Service)라는 클라우드 컴퓨팅 서비스를 이용해서 간단히 해결했다. 작업시간은 단 하루, 컴퓨터 사용비용은 240달러밖에 들지 않았다. 뉴욕타임즈가 자체 서버를 통해서 작업을 했을 경우 기간은 14년, 비용은 천문학적으로 들었을 것이라고 한다.

가상화, 언제 어디서나, 서비스처럼

클라우드 컴퓨팅과 관련된 세 가지 키워드는 '가상화', '언제 어디서나', '서비스처럼' 이라고 할 수 있다.

가상화는 앞서 설명한 웹하드의 예처럼 실제 컴퓨터 대신 URL과 같은 가상의 이름을 사용해서 필요한 컴퓨터 자원을 사용할 수 있도록 하는 기술이다. 이런 기술이 발전했기 때문에 기업들이 컴퓨터 유지관리에 신경 쓸 필요 없이 사용할 수 있게 된 것이다.

＊ Rough Type, 2008년 11월 5일, http://www.roughtype.com/?p=1189

또한 클라우드 컴퓨팅은 언제 어디서나 사용할 수 있다는 장점이 있다. 인터넷만 있으면 PC든, 노트북이든, 스마트폰이든 가리지 않고 접속해서 이들 기기를 터미널로 사용해 거대한 시스템을 사용할 수 있다. 즉, PC, 노트북, 스마트폰을 클라우드 컴퓨팅의 단말기로 사용할 수 있도록 하는 기술의 발전이 클라우드 컴퓨팅을 널리 보급했다고 할 수 있다.

마지막으로 클라우드 컴퓨팅은 컴퓨터를 서비스처럼 사용한다. 클라우드 컴퓨팅과 반대되는 개념이 컴퓨터를 직접 소유하는 것인데, 이 경우에는 컴퓨터를 많이 사용하든 적게 사용하든 전체 컴퓨터 비용을 지불해야 하지만 클라우드 컴퓨팅에서는 많이 사용하면 많이, 적게 사용하면 적게 지불한다. 앞서 예로 든 아마존이 제공하는 AWS(Amazon Web Service)는 고객이 필요한 만큼의 컴퓨터 용량을 자유롭게 빌려서 사용하고, 사용한 컴퓨터 시간과 용량에 대한 비용만 지불하면 되기 때문에 아주 편리하다. 이런 유연한 용량의 조정이 가능하려면 필요한 컴퓨터 용량을 자유롭게 늘리고 줄일 수 있는 기술과 정확한 사용량을 집계하는 기술이 필수적이다.

누구나 쉽게
사용하게 될 것이다

■
■
■

빅데이터 분석은 누구나 쉽게 하게 될 것이다

빅데이터 분석은 시간이 지날수록 그리 특별하지 않은 것이 될 것이다. 정보는 가상성이 큰 관계로 수집되는 정보의 양은 더 늘어날 것이고 이를 분석하는 기술도 쉽게 누구나 사용하는 기술이 될 것이기 때문이다. 실제로 빅데이터 기반 기술인 하둡, 혹은 유사한 기술이 곧 사라질 것이라는 예상이 많다.* 정확히 말하자면 사라지는 것이 아니라, 대부분의 시스템에 기본적으로 들어가는 기능이 될 것이라는 뜻이다. 이는 실현될 가능성이 높다. 컴퓨터 시스템이 점점 대용량의 데이터를 빨

---

* ZDNet Korea, 2016년 1월 28일.

리 처리하는 쪽으로 발전하고 있으므로 현재 빅데이터 분석을 위한 대용량 데이터의 저장과 처리를 위한 기술 역시 컴퓨터의 기본 기술의 하나로 통합되는 방향으로 발전해 갈 것이기 때문이다.

데이터 분석의 측면에서는 다양한 분석 방법을 더 정교하게 통합하는 쪽으로 기술이 발전할 것으로 예상된다. 현재 빅데이터 분석에는 데이터의 종류에 따라 수치적인 데이터 분석을 위한 방법과 문자와 텍스트를 분석하기 위한 방법, 그리고 이미지를 분석하기 위한 방법 등이 개발되어 사용되고 있다. 그런데, 보다 정확하고 입체적인 분석을 위해서는 다양한 데이터에 대한 분석을 통합할 필요가 있다.

예를 들어, 고객의 온라인 쇼핑행동을 분석한다고 해보자. 고객이 구매를 위해 사이트에 들어와서(혹은 전용 앱을 열어서) 어떤 제품을 보았는지, 얼마나 오래 보았는지, 쇼핑카트에 넣었는지 등에 관한 정보는 수치적인 정보라고 할 수 있다. 그런데 고객이 쇼핑을 하면서 다른 사람들로부터 정보를 얻기 위해서 블로그나 SNS를 볼 수도 있다. 이 경우 고객이 소비한 정보는 텍스트로 되어 있다. 또한 고객이 쇼핑을 집에서 PC로 했는지, 모바일 기기로 했는지, 모바일 기기로 했다면 위치가 어디고 얼마나 빠르게 이동하고 있었는지 등은 또 다른 종류의 데이터이다. 만일 고객이 동의를 하였다면 카메라로 고객의 얼굴을 찍어서 얼굴에 나타난 감정을 분석할 수도 있는데, 이것은 이미지 정보이다.

고객의 행동을 종합적으로 분석해서 고객이 어떤 것을 원하는지, 어떤 행동을 보일 것인지는 이런 다양한 종류의 데이터를 종합적으로 분석해야 가능하다. 즉, '고객이 어떤 제품에 관심을 보였는데 이것은 어떤 블로거의 제품에 대한 이러이러한 내용의 포스팅을 보았기 때문인 것으로 추측된다. 그 포스팅에서는 A제품에 대해 호의적인 내용이 있는 것으로 보아 A제품을 고려하고 있을 가능성이 높다. 이 고객은 주로 출·퇴근시간에 지하철 7호선을 타고 움직이면서 제품에 대한 정보를 탐색하며 이번 주에 2~3개 모델에 대해 반복적으로 들여다보는 것으로 보아 구매가 임박한 것으로 예상된다.' 등과 같은 분석은 다양한 데이터에 대한 종합적인 분석이 있어야 가능한 것이다.

앞서 설명하였듯이 정보는 다른 종류의 정보와 결합될 때 그 가치가 커진다. 현재는 주로 데이터의 종류별 분석 방법에 대한 연구가 이루어지고 있지만 앞으로는 다양한 데이터와 분석결과를 어떻게 종합할지에 대한 관심과 연구가 늘어날 것으로 예상된다.

누구나 사용하게 될 클라우드 컴퓨팅

클라우드 컴퓨팅이 미래에 어떤 형태로 진화해 갈 것인지에 대해 과거의 추세로부터 몇 가지 방향을 예측해 볼 수 있다. 우선은 클라우드 컴퓨팅 서비스 제공회사의 대형화이다. 클라우드 컴퓨팅은 수많은 사용자의 컴퓨팅 니즈를 하나의 가상화된 시스템(즉, 클라우드 컴퓨터)에서 제공하는 형태이다. 클라우드 컴퓨팅은 전기나 통신 등과 마찬가지로 인프라의 성격이 강하기 때문에 규모가 커질수록 비용이 내려가는 규모의 경제(economies of scale)가 작용한다. 많은 사용자에게 클라우드 컴퓨팅 서비스를 제공하기 위해서는 대용량의 하드웨어와 이를 수용하기 위한 데이터센터, 그리고 정보에 접근하기 위한 초고속 네트워크, 관련 소프트웨어를 개발하고 유지하는 인력 등이 필요하다. 이러한 자원은 속성상 규모가 커질수록 단위비용이 내려간다. 클라우드 컴퓨팅이 처리하는 정보는 가상성을 가지지만 이를 처리하는 하드웨어나 데이터센터 등은 물리적인 세상에 존재하기 때문이다.

그러므로 클라우드 컴퓨팅은 기업과 같은 개별 수요자가 자신에게 필요한 설비를 구축해서 사용하기보다는 비용을 지불하고 클라우드 컴퓨팅 서비스를 사용하는 형태가 일반적이 되고, 서비스 제공기업은 대형화 될 것으로 예상할 수 있다. 따라서 클라우드 컴퓨팅은 전기나 통신 등의 산업과 같이 과점이 될 가능성이 많다. 물론 군(軍)이나 정부와 같이 특수한 분야나 대기업과 같이 내부 수요만으로도 어느 정도의 규모를 확보할 수 있는 경우에는 독자적인 클라우드 컴퓨팅 망을 사용할 것이다. 그리고 소규모의 특별한 클라우드 컴퓨팅 서비스를 제공하는 회사도 존재할 수 있다. 그러나 일반적인 클라우드 컴퓨팅 수요는 소수의 과점 회사가 제공하게 될 가능성이 크다.

또 다른 예상은, 클라우드 컴퓨팅이 정착되기까지 자료의 저장과 활용에 있어서 과도기적 형태가 나타날 것이라는 것이다. 클라우드 컴퓨팅은 사용자의 단말기와 클라우드 컴퓨터를 인터넷이나 다른 네트워크를 통해 연결할 필요가 있다. 그런데 현재의 네트워크 기술은 100% 안정적인 연결을 보장하지는 못한다. 많이 개선되기는 했지만 아직은 인터넷이 다운되는 경우도 있고, 인터넷에 충분한 속도로 연결할 수 없는 경우도 종종 있다. 그리고 클라우드 컴퓨터에 저장된 자료가 안전하게 보관될 지에 대한 불안감도 있다. 그래서 사용자들은 당장 클라우드 컴퓨터에 모든 자료와 소프트웨어를 저장하지는 않을 것이다. 일부 자료를 클라우드 컴퓨터에 옮기고 자신의 컴퓨터에 사본을 보관하는 형태로 사용하다가 클라우드 컴퓨터의 안정성과 보안성이 확인되면 점점 많은 부분을 클라우드 컴퓨터에 이전할 것으로 예상된다. 그 기간은 개인이나 조직에 따라 편차가 있겠지만 클라우드 컴퓨팅 기술이 얼마나 개선되느냐에 따라 단축되거나 반대로 늘어날 수도 있을 것이다.

세 번째 예상은 클라우드 컴퓨터가 일반화되면서 사용자는 클라우드 컴퓨터와의 통신과 자료의 표시를 위한 간단한 단말기를 사용하는 것이 일반적이 될 것이라는 것이다. 현재의 PC나 스마트폰 등의 단말기는 자체적으로 자료를 저장하고 처리하기 위해서 상당한 용량의 저장장치(RAM과 하드디스크)와 처리장치(CPU)를 가지고 있다. 그러나 클라우드 컴퓨팅이 일반화되면 대부분의 자료 저장과 처리가 클라우드 컴퓨터에서 이루어지고 단말기는 단순히 처리된 결과를 표시해주거나 사용자로부터 입력을 받는 역할만 하게 될 것이다. 사용자가 필요로 하는 소프트웨어 역시 클라우드 컴퓨터에서 선택하고 필요할 때마다 다운로드 해서

---

* PC나 스마트폰, 혹은 IoT가 진척되면 다양한 종류의 장치가 될 수도 있다.

사용하는 것이 일반적이 될 것이다.

이것은 IT산업 전체에 큰 영향을 줄 것이다. 현재의 소프트웨어 제품은 하드웨어나 컴퓨터 서비스 제공회사와는 독립돼 있다. 예를 들어 아래한글 워드프로세서는 삼성이나 LG와 같은 하드웨어 제조회사와도 독립돼 있고, KT나 하나로통신과 같은 인터넷 서비스 제공회사와도 별도로 제품을 개발, 판매하고 있다. 그런데 클라우드 컴퓨팅이 일반화되면서 우리가 대부분의 자료를 특정 클라우드 컴퓨팅 서비스에 저장하고 사용한다고 해보자. 이때, 클라우드 컴퓨팅 회사가 제공하는 특정 소프트웨어를 사용하는 것이 이점이 있다[*]면 클라우드 컴퓨팅 회사가 제공하는 소프트웨어는 다른 소프트웨어보다 경쟁력을 가지게 될 것이다. 즉, 과거에는 소프트웨어의 경쟁력에 전혀 영향을 주지 못하던 컴퓨팅 서비스가 소프트웨어의 경쟁력에도 영향을 미칠 수 있다는 것이다.

이러한 현상의 좋은 예가 최근 시작된 애플의 iCloud 서비스이다. 현재까지 애플은 iPhone이나 iPad와 같이 애플의 제품을 사용하는 사람에게만 영향력을 끼치고 있다. 그런데, iCloud가 본격적으로 사용되기 시작하면 애플과 관계없는 PC나 하드웨어에서도 애플의 iCloud에 저장된 자료를 사용하기 위해서 애플의 소프트웨어나 서비스를 사용하는 일이 많아질 것이다. 따라서 애플 소프트웨어의 영향력이 다른 단말기에도 퍼지는 현상이 나타날 것으로 예상된다. 다시 말해, 클라우드 컴퓨팅 서비스 제공자는 전기나 인터넷처럼 차별화되지 않고 경쟁력과 별

---

* 부가적인 기능을 사용하거나 더 다양한 단말기에서 자료를 사용할 수 있다는 등의 이점.

관계가 없는 재화(commodity)의 제공자 성격을 가질 수도 있지만, 클라우드 컴퓨팅이 다른 서비스와 결합되면 시너지 효과로 인해 차별화된 경쟁력을 가지게 될 가능성도 있다는 것이다.

빅데이터와 클라우드 컴퓨팅이 가져올 변화

■
■
■

빅데이터 분석에 대한 오해 두 가지

빅데이터 분석에 대한 얘기가 많은 만큼 빅데이터 분석에 대해 오해를 하는 사람들 또한 많은 것 같다. 가장 흔한 오해는 빅데이터 분석은 데이터 크기가 아주 큰 데이터인 경우에만 해당하는 것으로 알고 있거나, 마법같이 정확한 결과를 만들어 준다고 생각하는 것이다.

우선 데이터가 얼마나 커야 빅데이터라고 할 수 있는지 얘기해 보자. 빅데이터 분석의 성공사례 중에 매우 큰 용량의 데이터를 사용한 경우가 많아서 데이터가 커야만 효과가 있는 것으로 생각하기 쉬운데, 데이터가 테라바이트*, 페타바이트** 급은 되어야 빅데이터 분석이 되는 것은 절대 아니다. 그보다 더 중요한 것은 분석하고자 하는 데이터가 전체 데이터 중 몇 %를 차지하는가이다. 예를 들어, 한 회사 전체의 거래 데이터가 10기가바이트라면 10기가바이트로도 충분히 중요한 결과를 얻을 수 있으므로 유용한 빅데이터 분석이라 할 수 있을 것이다. 반대로 한 회사의 전체 거래 데이터가 100테라바이트라면 1%인 1테라바이트로는 의미 있는 결과를 얻을 수 없기 때문에 빅데이터 분석에 해당이 안 된다고 할 수 있다.

또 하나 흔한 오해는 빅데이터 분석은 마법처럼 전혀 새로운 분석기술을 사용해서 원하는 결과를 뽑아준다고 생각하는 것이다. 앞서 말했듯이 숫자 데이터의 경우는 완전히 새롭게 개발된 분석 방법은 거의 없고, 기존의 분석 방법을 대용량 데이터에 맞게 개선한 것이 대부분이다. 텍스트 마이닝의 경우에도 기존의 방법을 바탕으로 대용량 텍스트 분석을 위한 몇 가지 새로운 기법이 개발되고 있는 정도이다. 다시 말해, 빅데이터 분석은 전혀 새로운 분석 방법이 아니라는 것이다. 게다가 CCTV와 같은 영상 데이터인 경우는 이미지 처리를 위한 새로운 기술을 사용해야 하는데 이런 분야는 아직 초기단계라서 적용할 수 있는 분야가 많지 않다.

그러므로 빅데이터 분석은 마법이 아니라, 기업 경영과 관련된 문제

---

* Tera-byte = 약 1,000 Giga-byte
** Peta-byte = 약 1,000 Tera-byte

를 사용할 수 있는 데이터를 최대한 사용해서 분석하는 것이라 할 수 있다. 여기에서 핵심은 '기업 경영과 관련된 문제'라는 것이다. 예를 들어, '경쟁사로 옮긴 고객은 무엇 때문에 옮긴 것일까?'와 같은 문제에 대해 빅데이터 분석을 할 때 정확한 정보를 주고 다양한 분석기법을 적용하면 의미 있는 결과를 찾아낼 수 있다. 그러나 막연하게 '데이터 다 줄 테니 좋은 결과를 찾아 봐라'라는 식으로 접근하면 실패하기 쉽다. 그래서 만일 답을 얻고 싶은 문제가 있고 적절한 데이터가 있다면 처음에는 소규모로 분석을 해보고, 효과가 있다면 이를 확대해 나가는 방식으로 빅데이터 분석에 접근하는 것이 바람직하다.

비용과 혁신의 측면에서 본 클라우드 컴퓨팅

다음으로 클라우드 컴퓨팅이 기업 경영에 어떤 영향을 미칠까 알아보도록 하자. 클라우드 컴퓨팅은 기업에게 크게 '비용'과 '혁신'이라는 측면에서 영향을 미칠 것으로 생각된다.

우선 '비용' 쪽 얘기를 해 보자. 클라우드 컴퓨팅은 컴퓨팅 자원을 한 군데로 합하는 풀링(pooling) 효과가 있다. 일반적인 컴퓨터 사용자는 항상 컴퓨터의 용량과 능력을 100% 사용하고 있지는 않다. 즉, 우리는 필요보다 더 고성능의 컴퓨터를 보유하고 있는 셈이다. 그 이유는 가끔이지만 많은 용량과 능력이 필요할 때가 있기 때문이다. 그렇지만 이는 분명히 비효율적이다. 실제로 개인용 컴퓨터의 평균 활용도가 10% 미만이라는 통계가 있을 정도로 컴퓨터의 활용은 효율적이지 않다. 그러나 클라우드 컴퓨팅을 사용하는 경우에는 많은 사람들이 하나의 컴퓨터를 사용하는 것과 마찬가지이기 때문에 컴퓨터 자원의 활용도가 높아지게 된다.

비용의 절감은 풀링뿐 아니라 애플리케이션의 통합에서도 온다. 클라우드 컴퓨팅 환경에서는 수많은 회사가 하나의 거대한 시스템을 사용하는 것과 마찬가지이기 때문에 그 시스템(즉, 클라우드 컴퓨터)에 존재하는 다양한 애플리케이션을 많은 회사가 공유하는 것이 가능하다. 이는 예전처럼 각 회사의 컴퓨터에 애플리케이션을 일일이 설치하는 시간과 비용이 줄어든다는 뜻이다. 이러한 비용 절감의 혜택은 대기업은 물론이고 자금이 많지 않은 중소기업에서 더 클 것으로 예상된다.

클라우드 컴퓨팅의 두 번째 효과는 혁신의 촉진이다. 클라우드 컴퓨팅으로 인해 컴퓨팅 자원을 저렴한 비용으로 사용할 수 있게 되면 대기업뿐 아니라 새롭게 시작하는 벤처나 중소기업도 혜택을 받을 수 있을 것이다. 벤처기업이 사업의 규모가 커지면서 부딪치는 문제 중의 하나는 커지는 조직과 업무를 체계적으로 관리할 수 있는 업무 프로세스와 정보시스템을 갖추기 힘들다는 것이다. 이를 위해 상당한 비용과 시행착오가 발생하기 때문이다. 그런데 클라우드 컴퓨팅이 일반화되면 클라우드 컴퓨팅에서 제공되는 저장공간, 소프트웨어 등을 손쉽게 사용할 수 있기 때문에 이런 문제가 줄어들 것이다.

물론, 클라우드 컴퓨팅에도 여러 가지 단점이 있다. 보안문제가 대표적이다. 그러나 웬만한 기업의 컴퓨터보다는 현재 클라우드 컴퓨팅의 보안이 기술적으로는 더 뛰어나기 때문에 걱정을 덜 해도 될 것이다. 또한 인터넷이 다운되면 클라우드 컴퓨팅을 사용하는 기업의 업무가 마비되는 문제가 있을 수도 있다. 보안문제는 하루아침에 해결될 문제는 아니고 지속적으로 개선해야 할 문제이다.

세상 모든 사람의 연결, SNS

요즘 많은 사람들이 페이스북, 카카오톡, 트위터, 밴드, 카카오스토리 등과 같은 SNS(Social Network Service)를 하루에도 여러 번 사용하고 있다. 이러한 SNS는 우리가 매일 사용하기 때문에 별로 특별하게 느껴지지 않을 수도 있다. 그런데 사실 SNS가 우리 생활에 가져온 변화는 매우 크며, 앞으로 더욱 큰 변화를 가져올 것이다.

SNS가 제공하는 중요한 데이터는 사용자들이 주고 받는 메시지이다. 이러한 텍스트 메시지는 컴퓨터가 일반적으로 분석하는 숫자 데이터가 아니기 때문에 특별한 분석 방법이 필요하다. 텍스트 마이닝(Text mining)은 텍스트 분석을 위한 기술로서 SNS에서 수집된 텍스트 데이터 분석에 효과적으로 사용될 수 있다.

사람 사이의 관계가
모두 기록으로 남는 세상

■
■
■

　'사람은 사회적 동물'이라는 것은 우리 모두 잘 알고 있는 사실이다. 이 말은 사람들은 천성적으로 다른 사람들과 상호작용하는 것을 좋아할 뿐 아니라 이런 상호작용이 삶의 필수조건이라는 것을 의미한다. 다른 사람과의 상호작용은 여러 가지 형태로 나타날 수 있다. 가장 대표적인 활동은 1) 같이 노는 것 2) 같이 일하는 것 3) 정보나 도움을 주고받는 것 4) 기쁨, 슬픔과 같은 감정을 공유하는 것 등이다. 과거에는 이런 활동이 직접 만나야 가능했다. SNS가 발달한 지금도 많은 부분이 직접 만나야만 가능하다.

　SNS(Social Network Service)에 네트워크라는 말이 들어가는 이유는 사람 사이의 연결을 네트워크로 보기 때문이다. 다음 그림에서 볼 수 있듯이

107 _

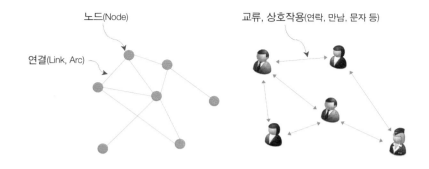

○ 일반 네트워크와 소셜 네트워크

사람은 네트워크의 노드(node, 교점), 사람 사이의 교류(메시지의 교환 등의 상호작용)는 노드 간의 연결(link)이라고 할 수 있다. 그렇게 보면 사람 사이의 관계는 네트워크라고 할 수 있으며, 이를 소셜 네트워크(Social network)라고 부를 수 있다.

　소셜 네트워크에 대한 연구는 오래 전부터 이루어져 왔으며 다양한 연구 방법들이 개발되어 있다. 소셜 네트워크 분석(Social network analysis: SNA)이라 불리는 분석 방법으로 네트워크의 특성과 핵심 인물 등에 대한 분석을 할 수 있다. 소셜 네트워크 분석에서는 사람들 사이의 상호작용에 대한 데이터를 수집해서 분석한다. 데이터 수집은 사람들을 직접 관찰하거나 면담이나 설문을 통해 질문*을 해서 수집한다. 이런 데이터를 분석해보면 소셜 네트워크에서 사람들이 연결되어 있는 형태를

* '최근 1달 동안 한 번이라도 만나거나 연락을 한 사람을 모두 나열하고 몇 번이나 연락했는지 알려주세요.'와 같은 질문을 한다.

알 수 있다. 대부분의 사람이 균등하게 연결된 경우도 있고, 소수의 특정 인물에 연결이 집중되어 있는 경우도 있는 등 연결의 구조가 다르다. 많은 사람과 연결을 가지고 있는 사람이 소셜 네트워크에서 핵심인물이라고 할 수 있으며 보통 이런 사람이 해당 소셜 네트워크에서 중요한 직책을 맡고 있거나 영향력이 큰 사람이다.

사람들의 교류가 모두 기록으로 남는다

컴퓨터가 발전하면서 사람들의 교류와 상호작용 활동 중 일부를 컴퓨터를 통해서 할 수 있게 되었다. 가장 초기의 형태가 이메일이다. 이메일을 통해서 소식을 전하고, 업무도 진행하고, 정보도 주고받게 되었다. 인터넷이 등장하면서 좀 더 발전한 형태로서 인터넷 채팅과 게시판이 등장했다. 인터넷으로 글자를 써서 대화도 하고 게시판에 글을 올리고 이에 대해서 다른 사람들이 답을 다는 등의 상호작용을 컴퓨터로 하게 된 것이다. 이후 다른 사람들과 특별한 관계(친구 혹은 일촌)을 맺을 수 있고, 이런 사람들과 사진과 메시지를 공유할 수 있는 기능이 추가된 싸이월드나 페이스북이 등장하면서 본격적인 SNS 시대의 막이 열렸다. 그 뒤에 트위터, 인스타그램, 카카오톡과 같이 각각 다른 기능을 가진 SNS가 등장하면서 사람들이 좀 더 다양한 형태의 SNS를 사용하게 되었다. SNS의 사용은 스마트폰과 태블릿 같은 모바일 기기가 등장하면서 더 활발하게 되었다. 모바일 기기는 항상 가지고 다니기 때문에 시간이 날 때마다 SNS을 사용할 수 있어서 더 많이, 자주 사용하게 되었다.

SNS는 다양한 형태의 사회관계 서비스를 한꺼번에 부르는 명칭인데, 사실은 SNS에는 매우 다른 성격의 서비스가 존재한다. 페이스북이나 카카오스토리는 본인의 일상적인 소식이나 사진을 올리고 다른 사람이 올린 소식이나 서비스를 보면서 답글을 달거나 '좋아요' 버튼을 눌러서 다른 사람과 교류하는 것이 주목적이다. 이에 비해 카카오톡이나 라인, WhatsApp과 같은 경우에는 문자로 1:1, 혹은 많은 사람이 단체로 N:N 채팅을 하는 목적으로 주로 사용된다. 밴드의 경우에는 학교동창, 동호회, 회사동료와 같이 어떤 집단에 속한 사람들이 소식을 전하거나 정보를 교환하기 위해서 사용한다. 이처럼 동일하게 SNS라고 불려도 사실은 다양한 종류의 서비스가 존재하기 때문에 우리가 SNS에 대해서 분석할 때에는 성격이 다른 SNS를 같이 취급하면 안 된다.

SNS가 일반화되면서 나타난 한 가지 중요한 변화는 사람들의 상호작용(교류)이 모두 기록으로 남는다는 점이다. 우리가 누구와 어떤 얘기를 언제 얼마나 자주 하는지, 얼마나 많은 사람과 교류하는지 등이 디지털 기록으로 남는다. 이 덕분에 앞서 설명한 소셜 네트워크 분석을 따로 데이터 수집을 할 필요없이 SNS상에서 할 수 있게 된 것이다. 물론 이런 기록은 대부분 사생활에 해당되는 것이기 때문에 기업이나 다른 사람들이 마음대로 볼 수 없고, 또한 일부 SNS는 일정 시간이 지나면 이런 기록을 자동으로 삭제하기도 한다. 어찌되었든 사람 사이의 관계가 기록되고 이것을 분석할 수 있는 가능성이 열렸다는 점에서 큰 의미가 있다고 할 수 있다.

네트워크 효과 혹은
네트워크 외부성

■
▦
■

페이스북은 시장에서 어떻게 독점적인 지위를 갖게 되었나

카카오톡이나 페이스북이 시장에서 거의 독점적인 지위를 갖고 있는 것은 이들 기업의 경쟁력이 강한 점도 있지만, SNS의 특성 때문인 측면이 크다. SNS의 경우 많은 사람들이 연결되어 서로 교류할 수 있다는 점이 큰 가치라고 할 수 있다. 즉, 카카오톡이나 페이스북에 가면 내가 연락하고 싶은 사람이 반드시 있다는 것이 이들 서비스의 가장 큰 가치인 것이다. 이런 가치는 SNS라는 네트워크에 연결된 사람이나 회사가 많을수록 기하급수적으로 커진다. 이것을 네트워크 효과(network effect) 혹은 네트워크 외부성(network externalities)이라고 한다. SNS의 가치의 원천은 사용자들 간의 교류와 상호작용인데, 사용자 수가 늘어나면 이들 사이의 교류와 상호작용의 수는 기하급수적으로 증가한다.[*]

네트워크 외부성은 SNS 중 사용자 수가 100만 명인 것과 1억 명인 경우의 가치를 비교해 보면 쉽게 알 수 있다. 사용자 수 1억 명은 100만에 비해 수치적으로는 100배이지만 그 가치는 수천 배라고 할 수 있다. 즉, SNS의 가치는 그것을 사용하는 사람이 늘어남에 따라 비례해서 증가하는 것이 아니고, 기하급수적으로 증가한다.(그림 참조)

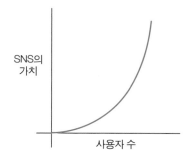

● SNS의 네트워크 효과 (사용자 수와 가치)

---

[*] 물론 사용자 수가 SNS의 가치를 결정하는 유일한 요인은 아니다. 사용자들이 얼마나 자주 해당 SNS를 사용하는지, 사용자들의 충성도가 어떤지, 수익화 가능성은 어떤지 등의 다양한 요인이 작용한다. 그렇지만 SNS의 가치를 결정하는 가장 중요한 요인을 뽑으라면 단연 사용자 수라고 할 수 있다.

사람들이 싸이월드에서 페이스북으로 옮겨간 이유

한국에서 싸이월드를 사용하던 사람들이 페이스북으로 옮겨간 이유 중 하나는 페이스북은 싸이월드와 다르게 전 세계 사람과 연결할 수 있기 때문이었다.* 싸이월드가 페이스북보다 먼저 시작되었기 때문에 싸이월드가 사용자 확보에서 이점이 있었음에도 이를 살리지 못한 것은 무척 아쉬운 부분이다.

네트워크 외부성의 결과 중 하나는 시장에서 주도권을 잡는 SNS 플랫폼이 그 분야에서 독주를 할 가능성이 높다는 점이다. 즉, 플랫폼의 규모가 클수록 가치가 크기 때문에 사용자가 그 플랫폼으로 몰리게 된다는 점이다. 네트워크 외부성은 연결이 중요한 경우에 더 큰 힘을 발휘한다. 네트워크 외부성은 SNS 뿐 아니라 애플의 앱스토어나 이베이와 같은 전자상거래 플랫폼에도 적용된다.

---

* 모바일 시대에 잘 적응하지 못한 것과 성공에 안주해서 새로운 서비스 제공에 소홀히 한 것도 이유일 것이다.

SNS 시대에 텍스트 마이닝이
주목받는 이유

SNS에서 뽑아낼 수 있는 정보는 사람들 사이의 상호작용(누구와 얼마나 자주 연락하는가) 외에도 서로 주고받은 텍스트 정보가 있다. 이런 텍스트 데이터를 분석하면 사람들 사이의 상호작용의 내용, 사람들의 관심사 등을 알 수 있다.

텍스트는 전통적으로 컴퓨터가 다루는 데이터와는 매우 다르다. 전통적인 컴퓨터 분석은 숫자 혹은 정형화된 문자만 분석하기 때문에 별어려움이 없지만, SNS에서 만들어지는 텍스트는 인간의 자연언어이기 때문에 분석하기가 매우 어렵다.

자연언어로 된 텍스트를 분석하는 방법은 주로 도서관학 혹은 문헌정보학 분야에서 개발해 왔다. 과거에는 이러한 텍스트 분석 방법을 적용할 수 있는 대상이 책이나 논문과 같이 텍스트로 출판돼 있는 자료에 한정되었다. 그렇지만 SNS가 등장하면서 텍스트 분석을 적용할 수 있는 대상이 급격하게 많아졌다. 즉, 과거에 책이나 종이에 쓰인 글자와 같이 물리성이 강하던 텍스트 정보가 SNS를 통해서 정보로 변환되면서 가상성이 강해진 것이다.

SNS와 같이 많은 양의 텍스트 분석에 적용되는 기법을 텍스트 마이닝(text mining)이라고 부른다. 텍스트 마이닝에 사용되는 분석 방법이 전통적인 문헌정보학 분야의 분석 방법과 크게 다른 것은 아니다. 그러나 적용대상 텍스트의 양이 엄청나게 많고, 오타나 비속어, 줄인 말, 이모티콘 등, 일종의 잡음(noise)이 많은 SNS 텍스트에 적용되기 때문에 마치 광산에서 금을 캐는 것 같다고 하여 채굴(mining)이란 말을 사용하게된 것이다.

텍스트 분석 방법이 최근에 많이 발전하긴 했지만 아직은 인간이 텍스트를 이해하는 수준과 같은 정교한 분석이 가능하지는 않다. 그럼에도 텍스트 마이닝이 매우 중요시 되는 이유는 텍스트 마이닝을 통해서 우리가 새롭게 할 수 있는 일들이 많기 때문이다.

기업의 시장조사를 예로 들어 보자. 과거에는 특정 제품에 대한 소비자들의 인식을 알기 위해서 일부 소비자를 샘플로 뽑아서 설문조사나 인터뷰를 하는 것이 보통이었다. 이 경우 조사 대상자를 사람이 직접 면담하기 때문에 자연언어를 이해하고 분석하는데 큰 문제가 없었다. 그러나 비용과 시간 때문에 많은 수의 소비자를 대상으로 조사하기 어렵다는 문제가 있었다. 이런 제약 때문에 조사는 보통 100명 내외, 대규모 조사라고 해도 3천 명 혹은 5천 명 정도를 대상으로 했다. 이 정도 규모는 전체 소비자 집단에 비하면 아주 미미한 규모였다. 그러다 보니 여러 가지 문제가 생기게 됐다. 첫째로 전반적인 시장의 방향은 알 수 있지만 취향이 독특한 소비자, 즉 틈새시장에 대한 조사는 제대로 이루어지지 않는다는 것이다. 둘째는, 조사를 기획하고 실행해서 결과를 알 때까지 시차가 존재한다는 것이다. 정말로 빠른 경우에는 며칠 만에 결과가 나오기도 하지만 보통은 무엇을 조사할지 결정하고 계획을 짜고 실행하는 데 몇 주에서 몇 달까지 걸린다. 셋째는 조사방법의 한계 때문에 소비자들이 정말로 마음속에 가지고 있는 얘기를 들을 수 없다는 것이다. 낯선 사람이 질문을 하면 그에 대한 답을 할 때 스스로 검열을 하게 된다. 예를 들어, A라는 회사 직원이 질문을 한다는 걸 알게 되면 A라는 회사의 제품에 대해서는 아무래도 나쁜 말을 하기 힘들다. 정치에 대한 의견을 조사할 때에도 동일한 문제가 생긴다. 그리고 짧은 시간과 좁은 지면 안에서 답변 하다 보면 복잡 미묘한 소비자의 인식이나 생각이 제대로 드러날 수 없다.

이에 비해서 사람들이 SNS에 남기는 텍스트는 친한 사람과 자유롭게 주고받는 글이기 때문에 솔직한 의견이 자세히, 다양한 측면에서 기록된다. 그래서 SNS에 올라오는 메시지를 분석해서 정치, 사회현상이나 기업의 마케팅에 활용하려는 시도가 있어왔다. 문헌정보학 분야에서 발전된 텍스트 분석 방법을 적용해서 사용자들이 관심이 있는 주제가 어떤 것인지, 그 주제에 대해서 사람들의 의견은 어떠한지, 혹은 특정 회사나 제품에 대해서 소비자들이 어떤 반응을 보이는지 등을 분석할 수 있게 된 것이다.

텍스트 마이닝을 사용하여 매출을 2배로 끌어올린 기업

텍스트 마이닝의 성공적인 사례로 국내 모 제약회사가 있다. 이 회사의 제품 중 멍든 것을 빨리 없애주는 연고가 있었다. 회사는 연고제품과 관련해서 소비자들이 SNS상에서 어떤 얘기를 하는지 분석을 했다. 소비자들은 이 회사제품과 관련해서 멍, 상처, 달걀 등의 얘기를 주로 하고 있었지만, 미용과 관련된 얘기 또한 많이 하고 있다는 것을 발견했다. 이것을 궁금하게 여긴 담당자가 추가분석을 통해 뜻밖의 사실을 발견했다. 여성들은 몸에 멍이 생기면 이를 옷이나 액세서리 등으로 가리는 것이 보통이다. 그래서 이와 관련된 얘기들이 미용 커뮤니티에서 오갈 때, 이 회사의 제품 이름이 미용에 관심이 많은 젊은 여성들에 의해 자주 언급됐던 것이다. 예를 들어서 "멍 때문에 옷도 마음대로 못 입고 속상해요."라는 글에 "아, 그럴 때 ○○○(연고이름)을 바르면 빨리 없어져요."와 같은 댓글이 달리는 식이었다. 또한 성형수술 후에 생기는 붓기나 피하출혈이 결국은 멍과 원인이 같은 것이기 때문에 이 약을 바르면 빨리 없어진다는 것을 발견한 소비자가 이 정보를 공유하고 있다는 것도 발견했다. 그래서 이 회사는 타깃을 20~30대 여성과 미용 커뮤니티로 바꿔서 매출을 거의 2배로 끌어올렸다.*

---

* 동아일보, "유유제약, 업계 최초로 빅데이터 분석 도입," 2013년 12월 26일, http://news.donga.com/3/all/20131226/59784464/1

텍스트 마이닝
기술

텍스트 마이닝 기법은 문헌정보학(Information retrieval: IR) 분야에서 그 동안 많은 발전을 하였다. 간단한 빈도분석에서부터 텍스트 요약이나 의미 이해까지 기술이 발전하였다. 텍스트 분석을 위해서는 우선 분석에서 중요하지 않은 불용어(不用語, stopword)를 없애고 중요한 단어를 뽑아내야 한다. 예를 들어, "나는 피부가 예민해서 네가 말한 제품은 잘 안 맞아……."라는 문장을 보자. 여기서 '는', '가', '은'과 같은 조사나 '잘'과 같은 단어는 문장의 핵심 메시지를 이해하는 데 필요 없는 불용어이므로 제거해야 한다. 그 다음에, '예민해서'는 '예민하다' 혹은 '예민'이라는 형태의 원형에서 변형된 것이라는 것을 인식하고 '예민'이라는 핵심단어를 뽑아내야 한다. 추가적으로 '안 맞아'라는 단어가 '맞다'와 반대되는 뜻이라는 것도 이해해야 할 것이다. 이를 위해서는 미리 언어별로 사전을 만들어 놓고 각 단어의 변형에 대한 정보를 프로그램이 이해하고 있어야 한다. 이상의 불용어 제거와 원형 추출이 텍스트 분석의 가장 기본적인 전처리(pre-processing) 절차이다. 그 이후에 진행되는 텍스트 마이닝의 기술을 간단히 살펴보자.

1) 빈도분석

핵심 단어를 추출하고 나면 가장 기본적인 분석인 빈도분석(frequency analysis)을 할 수 있다. 관심이 있거나 중요한 단어는 자주 언급이 될 것이므로 빈도가 높은 단어가 중요한 주제라고 생각할 수 있다. 실제로 빈도분석만으로도 상당히 중요한 정보를 얻을 수 있는 경우가 많다. 현재 사람들이 가장 관심을 갖는 것이 어떤 것인지는 단어의 빈도만 봐도 충분히 알 수 있는 것이다. 그런데 단순 빈도 분석은 그냥 자주 등장하는 단어와 정말로 중요해서 자주 등장하는 단어를 구분하지 못한다는 단점이 있다. 예를 들어, 선거에서 사람들의 관심사를 분석하기 위해 관련 텍스트를 분석하면 '선거'나 '후보', '투표' 등은 당연히 빈도가 높게 나온다. 하지만 이는 중요한 단어가 아니다. 이에 비해 어떤 선거구의 유권자들에게서 수집한 텍스트에서 다른 선거구에서는 자주 등장하지 않는 '개발' 혹은 '비리'와 같은 단어가 상대적으로 자주 등장한다면 이들 주제가 해당 선거구에서 중요한 이슈임을 알 수 있다.

그래서 단어의 상대적 중요성을 계산해서 중요한 단어를 추출하는 방법이 만들어 졌다. tf.idf('티에프아이디에프'라고 부른다; term frequency / inverse document frequency)라는 이 방법은 각 단어의 단순 빈도(term frequency)와 상대적 빈도(inverse document frequency)를 결합해서 해당 단어의 중요성을 계산해 준다. 여기서 단순 빈도는 위에서 설명한 빈도를 말하고, 상대적 빈도는 다른 분야에서 등장하는 빈도에 비해 현재

영역에서 상대적으로 얼마나 자주 등장하는지를 말한다. 앞의 선거의 예에서 '선거'가 현재 선거구에서 1,000회나 등장해서 단순 빈도로는 중요한 단어이더라도 다른 선거구에서도 비슷하게 등장했다면 상대적 빈도로는 중요하지 않다. 반대로 '개발'이라는 단어가 100회 등장해서 단순 빈도로는 크지 않더라도 다른 선거구에서는 10회 이하로 등장하였다면 상대적 빈도에서는 중요한 단어라고 할 수 있다.

2) 동시출현분석

단순 빈도분석이나 각 키워드의 중요성으로 중요 단어가 어떤 것인지는 알 수 있지만 단어 간의 관계나 더 정확한 내용을 분석하기는 어렵다. 그래서 사용하는 방법이 어떤 단어들이 자주 같이 등장하는가 하는 것이다. 사람들은 일반적으로 관련이 있는 단어를 가까이 사용하기 때문에 어떤 단어가 자주 같이 등장하는가를 보면 더 정확한 정보를 얻을 수 있다. 이것을 '동시출현(co-occurrence)분석'이라고 한다. 예를 들어서 '갤럭시'라는 제품명과 자주 등장하는 단어가 '해상도'와 '배터리'라면 사람들이 갤럭시의 해상도와 배터리에 대해 자주 얘기한다는 것을 알 수 있다. 해상도와 배터리가 좋아서 그런 것인지 불만족해서 그런 것인지는 더 분석을 해 보아야 하겠지만 일단 갤럭시라는 제품과 관련해서 사람들의 관심사가 해상도와 배터리임을 알 수 있는 것이다. 동시출현분석의 기준은 문장, 문단, 문서 등 다양하게 설정할 수 있다. 즉, 한 문장 안에 같이 등장해야만 동시출현으로 볼 것이냐한 문단, 혹은 한 문서 안에만 등장하면 동시출현으로 볼 것이냐는 등의 기준을 다르게 할 수 있다. 한 문장 안에서도 기준 단어 수(예를 들어 5단어 이내) 이내에 가까이 있지 않으면 동시출현으로 보지 않는 강화된 기준을 적용할 수도 있다. 기준을 같은 문단에서 같은 문장, 같은 문장에서도 일정 단어 수 이내로 강화시킬수록 한 단어와 더 직접적인 관계를 갖는 단어를 찾을 수 있다는 장점이 있지만, 분석의 범위가 좁아져 간접적이지만 중요한 단어를 놓칠 수 있다는 단점도 있다.

동시출현분석을 활용하는 또 다른 분야는 단어 간의 계층구조(hierarchy) 구축이다. 단어의 동시출현 구조를 살펴보면 다수의 다른 단어를 포함하는 상위 단어를 찾을 수 있다. 예를 들어서 '스마트폰'이라는 단어는 '갤럭시', '아이폰', 'G5' 등의 단어와 같이 등장하지만, '갤럭시'는 항상 '스마트폰'하고만 같이 등장한다면 '스마트폰'이 '갤럭시'를 포함하는 상위 단어임을 알 수 있다. 이와 같이 동시출현의 분석만으로도 컴퓨터가 단어들 간의 계층구조를 만들 수 있으며, 이를 추가적인 텍스트 분석에 사용할 수 있다.

3) 감성분석(Sentiment analysis) / 오피니언 마이닝(Opinion mining)

텍스트 분석의 궁극적인 목표는 사람들이 어떤 주제에 대해 어떤 생각을 하고 어떤 의견을 표출했는지를 사람의 개입 없이 컴퓨터 시스템만으로 알아내는 것이다. 예를 들어, 정부의 어떤 정책에 대해 각 계층별로 얼마나 많은 사람들이 찬성(반대)하는지, 찬성(반대)하는 이유는 무엇인지를 텍스트 분석을 통해서 알아내는 것이 궁극적인 목표인 것이다. 그래서 특정 주제에 대해서 사람들이 긍정적인지 부정적인지, 어떤 의견을 가지고 있는지 등을 분석하는 방법이 개발되었는데 이를 감성분석(sentiment analysis) 혹은 오피니언 마이닝(opinion mining)이라고 한다.

감성분석을 위해서는 다른 분석과 마찬가지로 우선 핵심 단어를 뽑아내는 과정을 거쳐야 한다. 그 다음에 뽑아낸 단어가 '긍정'의 의미인지 '부정'의 의미인지 그 성격('극성'이라고 한다)을 판단해야 하는데, 여기에는 미리 사람이 만들어둔 감성어 자료집(sentiment corpus)이 필요하다. 즉, 감성을 나타내는 단어를 쭉 나열하고 각 단어가 긍정인지, 부정인지를 표시한 사전과 같은 것이 필요한 것이다. 한국어 감성 자료집의 한 예로는 서울대학교 연구진이 개발한 KOSAC(Korean Sentiment Analysis Corpus)가 있다. 여기에는 총 7,582개의 감성어가 기록되어 있다.* 물론 그 외에도 다양한 감성어 사전이 존재한다.

추출된 각 단어의 극성을 판단했다면 해당 문장이나 문단에 긍정과 부정의 극성을 갖는 단어가 얼마나 많은지를 바탕으로 사람들의 의견을 판단해 볼 수 있다. 예를 들어 A라는 제품에 대한 사람들의 의견을 알고 싶다고 하자. A제품의 이름이 들어가 있는 텍스트를 수집해서 감성분석한 후, 긍정적인 단어가 부정적인 단어보다 훨씬 많다면 이 제

---

* 신수정, "글에서 감정을 읽다" 감성 분석의 이해, 2014, IDG Tech Report.

품에 대해서 소비자들이 긍정적으로 평가하고 있음을 알 수 있다. 구체적으로 어떤 점이 긍정적인지는 추출된 단어를 살펴보면서 추가적인 분석을 해야 한다.

감성분석에 기계학습 기법을 적용하기도 한다. 1장에서 설명했던 답이 있는 학습(supervised learning) 방법이 그것이다. 우선 훈련용 텍스트 자료를 모은 다음, 사람이 수작업으로 각 텍스트가 긍정적인지 부정적인지를 표시한다. 이 훈련용 텍스트와 답(긍정적/부정적)을 기계학습에 투입하면 컴퓨터는 긍정적/부정적이라는 결과에 영향을 미치는 요인에 대해서 학습한다. 즉, 특정 단어의 출현, 단어의 분포, 텍스트 길이 등의 텍스트의 특성이 결과(긍정적/부정적)에 미치는 영향을 학습하게 되는 것이다. 그 다음에 대상 텍스트를 입력하면 이 텍스트가 긍정적인지 부정적인지를 판단할 수 있게 되는 것이다. 이 방법의 장점은 감성어 자료집이 없어도 되고, 긍정적/부정적이라는 것에 국한하지 않고 사람이 훈련용 텍스트를 어떻게 구성하고 답을 제시하는가에 따라 밝음/어두움, 재미있음/재미없음, 전문적/비전문적 등의 다양한 분석이 가능하다는 점이다. 단점은 훈련을 위한 텍스트를 모으기가 쉽지 않다는 것이다. 그리고 결과가 나왔을 때 어떻게 결과가 도출되었는지에 대한 설명이 어렵다는 것 또한 단점이다.

SNS와
텍스트 마이닝의 발전 방향

■

■

■

SNS의 미래 예측

사실 SNS와 텍스트 마이닝은 관련이 많지만 별도의 분야이기 때문에 각각 예측을 하는 것이 맞을 것 같다. SNS의 경우, 기존의 주도적인 서비스가 여전히 시장을 이끌겠지만, 새로운 종류의 서비스가 등장할 가능성도 있다. SNS는 네트워크 효과 때문에 후발주자가 선발주자를 따라 잡기는 매우 어렵다. 예를 들어, 페이스북과 비슷한 역할을 하는 SNS는 아무리 디자인과 사용편리성 등으로 차별화한다 하더라도 페이스북과 경쟁하기 어렵다. 그 이유는 페이스북을 사용하는 사람들이 새로운 서비스로 가 보았자 연락할 사람들이 거기에 없기 때문이다. 사람들이 SNS를 선택하는 요인은 얼마나 많은 사람들과 교류할 수 있는가이다. 디자인이 좋고 사용하기 편리한가는 부차적인 문제이다.

따라서 신생 SNS 서비스가 기존의 서비스와 경쟁하려면 다른 용도로 차별화해야 가능성이 있다. 예를 들어, 우리가 많이 사용하는 페이스북, 트위터, 카카오톡은 모두 SNS 서비스지만 용도가 다르기 때문에 한 사람이 동시에 다수의 서비스를 사용한다. 페이스북은 본인의 최근 소식을 전하거나, 가본 곳과 먹은 것에 대한 정보를 올리거나, 다양한 주제에 대한 본인의 생각을 잘 아는 사람들(친구)에게 올리는 용도로 사용한다. 이에 비해 트위터는 주로 시사적인 내용이나 정보전달의 목적으로 일 대 다의 형태로 정보를 전파하는 일종의 미디어의 용도로 사용하고 카카오톡은 즉각적인 채팅의 목적으로 사용한다.

현재 성공적인 신규 SNS를 살펴보면 기존의 SNS와는 다른 용도로 차별화 하고 있는 것이 대부분이다. 예를 들어, 인스타그램은 사진 위주의 정보 공유를 위한 용도, 네이버 밴드는 오프라인에서 잘 아는 집단(동창, 동호회 등)끼리의 교류를 위한 폐쇄적인 SNS라는 용도로 차별화했기 때문에 성공할 수 있었다.

점차 쓰임새가 많아지고 있는 텍스트 마이닝

텍스트 마이닝의 기술 발전 속도는 점점 더 빨라질 것으로 예상된다.

앞서 텍스트 마이닝은 문헌정보 분야의 연구에 기반을 두고 있다고 하였다. 이 분야의 기술은 한 때 상당히 정체되어 있었는데 최근에 새로운 기술*이 개발되어 발전 속도에 탄력을 받고 있다. 거기다가 인공지능/기계학습 방법이 적용되면서 텍스트 마이닝의 정확도가 크게 향상될 것으로 예상된다.

이렇게 되면 SNS와 온라인에 올라오는 텍스트를 실시간으로 분석해서 국가적, 사회적 복지와 안전에 활용하는 것도 가능해 질 것이다. 예를 들어, 컴퓨터가 텍스트 분석을 통해서 특정집단에서 주고받는 텍스트가 범죄발생 전의 패턴과 비슷하다는 것을 알아내어 경찰에 자동으로 경보를 주는 것 등이 가능해질 것이다. 물론 컴퓨터가 추려낸 범죄발생 경보가 100% 맞지는 않겠지만, 범죄 발생 가능성이 높은 부분에 경찰력을 집중해서 더 효과적인 범죄예방이 가능할 것이다.

또 다른 예로, 정부에서 어떤 중요한 정책적 결정을 할 때 국민들의 정확한 의사 파악에 텍스트 분석이 사용될 수 있다. 정책적 대안 중 국민들이 어떤 것을 가장 지지하는지, 각 대안에 대해서 어떤 의견을 가지고 있는지 등을 텍스트 마이닝 방법을 활용해서 분석할 수 있는 것이다. 현재는 이런 분석이 설문조사나 공청회를 통해서 이루어지고 있다. 그런데 설문조사는 앞서 언급한 것과 같이 많은 단점이 있고, 공청회도 참석할 수 있는 사람이 소수인 데다 몇몇 강한 의견을 가진 사람들에 의해서 분위기가 좌우될 수 있어서 전체적인 의견을 알아내는 데에는 한

---

* Word2Vec(word-to-vector) 기술이 대표적인 예이다.

계가 있다. 게다가 설문조사나 공청회는 비용과 시간이 많이 든다는 단점이 있다. 만일 텍스트 마이닝이 제대로 활용된다면 국민 전체의 뜻을 거의 전수조사와 같은 신뢰도로 분석할 수 있게 된다. 텍스트가 디지털화 되면 가상성이 커지기 때문에 이에 대한 분석과 처리비용이 적게 든다. 따라서 수많은 사람의 텍스트 정보도 충분히 처리가 가능해 질 것이므로 국민의 뜻을 텍스트 마이닝을 통해 알아낸다는 것이 아주 먼 미래의 일은 아닐 것이라 생각한다.

모든 사물이 인터넷으로
연결되고 있다

사물인터넷(Internet of Things : IoT)은 몇 년 전부터 널리 사용되어 온 말로서 물건들이 인터넷을 통해 연결되는 것을 말한다. 여기에는 TV, 냉장고와 같은 전자제품뿐만 아니라 인터넷과 전혀 관계없다고 생각되는 가방, 책상, 옷과 같은 일반 사물도 포함된다. 이런 사물을 인터넷으로 연결하기 위한 기술은 비용이 문제일 뿐, 이미 실현되고 있고 점점 더 많은 사물들이 연결되고 있다.

구글이 온도조절기 회사 네스트를 인수한 까닭

사물을 인터넷으로 연결하면 어떤 점이 좋을까? 사물이 서로 연결되면 정보를 교환할 수 있기 때문에 현재는 불가능한 것들이 가능해진다. 사물인터넷의 가장 대표적인 예로는 네스트(Nest)가 있다. 네스트는 디지털 온도조절기를 만드는 회사이다. 한 손으로 쥘 수 있을 정도의 크기인 디지털 온도조절기인데, 냉난방기에 연결하면 맞춰진 온도에 따라 냉난방기를 자동으로 켰다 껐다 하면서 온도를 맞추는 제품이다. 이런 온도조절기는 한국에서도 많이 사용되고 있다. 좀 더 발전한 제품의 경우에는 시간에 따라 설정온도를 여러 개로 지정할 수 있는 것도 있다. 예를 들어 밤에는 사람이 집에 있으니 온도를 높게, 낮에는 외출하기 때문에 온도를 낮게 하는 등의 시간대별로 다른 온도 설정이 가능하다.

● Nest의 온도조절기 (출처 : nest.com)

이런 일을 하는 온도조절기는 편리하기는 하지만 최첨단이라거나 스마트한 제품이라고 보기는 힘들다. 그런데 2014년 초에 구글이 이 회사를 32억 달러에 인수하면서 주목을 받았다. 한화로 3조원이 넘는 인수액은 당시 네스트 연 매출액의 열 배가 넘는 금액이었다. 그렇다면 무엇이 구글의 관심을 끌었던 것일까?

네스트 온도조절기는 인터넷과 연결되어 있어서 사용자가 집 밖에서도 집안의 냉난방기를 켜고 끌 수 있다. 또한 사용하는 사람의 행동 데이터를 축적하고 학습하는 기능이 있다. 이런 데이터가 있으면 세밀한 정보에 기반을 둔 실행이 가능하다.

예를 들어, 한 사용자가 매일 아침 7시에 온수를 사용한다면 그 시간에 미리 온수를 켜주기도 하고, 비가 와서 눅눅해지면 사용자가 조작하지 않아도 잠깐 난방을 해서 습기를 없애 줄 수도 있다. 만약 여름철에 전기 회사에서 시간대별로 전기 요금을 차등화시킨다면 네스트는 그 정보를 인터넷으로부터 수집해서 전기 요금을 최소화할 수 있는 전기 사용 계획을 스스로 수립할 수도 있다. 즉, 냉난방뿐만 아니라 전기가 많이 드는 세탁과 같은 작업을 전기료가 싼 시간에 하도록 스스로 조정할 수 있는 것이다.

그리고 인터넷에 연결되어 있기 때문에 네스트에 가전제품을 연결하면 집 밖에서 이를 조작할 수 있다. 예를 들어 컴퓨터의 카메라를 켜서 집안의 영상을 밖에서 볼 수도 있고, 겨울에 긴 여행에서 돌아올 때 난방기를 미리 켜서 집을 따뜻하게 해 놓을 수도 있다. 이처럼 네스트는 집안의 다양한 물건들과 연결해서 소위 말하는 '스마트 홈'을 구현시키는데 핵심적인 역할을 할 수 있다. 그래서 구글이 거액을 투자해서 인수한 것이다.

가상의 세상과 물리적 세상의 결합, 사물인터넷

■
▩
■

사물이 인터넷으로 연결되면 어떤 일이 벌어질까

사물을 인터넷에 연결하는 데 필요한 하드웨어의 값은 갈수록 싸지고 있다. 인터넷에 연결되는 사물이 반드시 PC처럼 강력한 프로세서와 많은 메모리를 가질 필요가 없기 때문이다. 간단한 센서로 감지한 데이터를 무선 인터넷으로 송출만 할 수 있어도 충분하다.

상상을 해 보자. 우리가 사용하는 TV, 냉장고, 밥솥, 토스터와 같은 대부분의 가전제품이 인터넷에서 연결되어 데이터를 주고받을 수 있다면 우리의 생활이 어떻게 바뀔까? 우선 쉽게 생각할 수 있는 것은 우리가 어디에 있든 집안의 상태를 알 수 있고 필요한 가전제품을 작동시킬 수 있을 것이라는 점이다. 좀 더 나아가서 모든 집의 데이터가 모이고 분석이 된다면 어떻게 될까? 물론, 개인의 프라이버시가 보장되는 데이터 수집 방식이라고 가정할 때 말이다. 우선, 사람들이 각 가전제품을 어떻게 사용하는지에 대한 정확한 데이터가 수집되면 가전제품의 개선에 사용될 수 있을 것이다. 그리고 사람들의 생활패턴에 대한 자세한 분석 또한 가능해질 것이다.

여기에서 한 발짝만 더 나아가 보자. 집 밖의 길거리에 온도 센서, 빛 센서, 소리 센서, 진동 센서, CCTV 등 수많은 종류의 센서가 설치되어 있고, 이들이 감지한 데이터 값을 인터넷을 통해서 받을 수 있다면 어떤 일들이 가능할까?

교통상황에 대한 정확한 실시간 감지를 통해 상황에 맞춘 지능형 교통통제가 가능하고, 갑작스런 범죄나 사고, 천재지변에 대한 감지도 가능해서 바로바로 대처할 수 있을 것이다. 사고에 대한 대처뿐 아니라 골목골목의 소음수준, 기온 등의 데이터를 장기간에 걸쳐 수집함으로써 도시계획을 효율적으로 세울 수도 있다. 그뿐이 아니라 사람들의 통행이 어디로 몰리는지, 평소에 비해 더 모인다면 그 이유는 무엇인지 등을 분석해서 사회 관심사와 트렌드를 알아낼 수 있을 것이다. 여기에 앞서 설명한 기계학습과 인공지능 기술이 더해지면 학습을 통해서 최적의 교통통제, 최적의 에너지 관리, 최적의 범죄예방 등이 가능할 것이다.

사물인터넷과 기계학습

IoT가 실현되면 센서로부터 실시간으로 들어오는 정보의 양이 엄청나기 때문에 인공지능과 기계학습을 통한 자동 모니터링은 필수적이다. 기계학습을 통해서 과거의 다양한 사건이 발생했을 때 각 센서에서 들어온 데이터의 패턴을 학습하고, 이와 비슷한 패턴이 발생하면 감지해서 어떤 종류의 사건이 의심되는지까지 사람에게 알려줄 수 있다. 이렇게 되면 사람이 신고하기 전에 미리 이상을 감지해서 대처하는 것이 가능하게 된다. 물리성이 강한 현실도 일단 센서를 통해서 정보화되면 가상의 세상으로 넘어가게 되기 때문에 그 이후로는 다양한 분석과 처리가 가능해지는 것이다.

한국에서도 IoT의 확대를 통해서 다양한 분야에서 새로운 서비스를 제공할 계획이라고 한다.* 예를 들어, 놀이공원에서 아이들이 가지고 다니는 물품이나 팔찌에 부착된 센서를 통한 미아 찾기, 건설현장의 도구와 장비의 위치 파악 등의 서비스를 계획하고 있다.

사물인터넷과 자율주행자동차

또 한 가지 사물인터넷에서 중요한 역할을 할 것으로 예상되는 것은

---

* "IoT 전국망 계획 가시화 ⋯ 스마트 혁명-생활 혁신 가속화," 파이낸셜타임즈, 2016년 4월 10일.

뒤에서 설명할 자율주행자동차이다. 자율주행자동차는 스스로 운전해서 돌아다니고, 데이터 송수신 장치가 있을 뿐 아니라 카메라를 비롯한 많은 센서를 탑재하고 있기 때문에 움직이는 데이터 수집 장치의 역할을 잘 수행할 수 있다. 공공의 안전을 위해서 필요한 경우 자율주행자동차가 수집하는 영상을 포함한 실시간 정보를 의무적으로 관계 기관과 공유하는 법률이 생길 수도 있다. 이렇게 되면 문제가 발생한 것으로 의심되는 지역과 가장 가까이 주행하고 있는 자율주행자동차에 연결해서 해당 지역의 정보를 받아 상황판단에 도움을 받을 수 있다. 아마도 이러한 상황판단 역시 많은 부분 인공지능에 의해 이루어질 것이다.

다양한 센서를 설치해 도시 전체, 혹은 국가 전체를 실시간 모니터링하면서 긴급 상황에 대처하겠다는 아이디어는 전부터 있어 왔다. 실제로 실시간으로 데이터를 분석하고 모니터링하는 기술은 이미 많은 공장에서 사용될 정도로 일반적인 기술이다. 단, 차이가 있다면 공장에서 분석되는 정보는 몇 가지 정형화된 틀 안에서 이루어지지만, 사물인터넷이 수집하는 정보는 종류가 매우 다양하고 정형화되지 않았다는 것이다. 다양한 종류의 데이터를 분석하는 기술은 빅데이터 분석과 기계학습을 통해 많은 발전을 이루었다. 그리고 대용량 정보처리도 클라우드 컴퓨팅과 같은 기술로 대응이 가능해졌다.

실시간 모니터링에서 가장 장애가 되었던 것은 많은 센서를 설치하고 이들을 연결하는 것이었다. 이전에는 센서라고 하면 독립형 센서(예를 들어 온도계, 소음계 등)를 떠올리는 것이 보통이었다. 이들은 가격이 비쌀 뿐 아니라 네트워크로 연결이 되지 않아서 종합적인 정보 분석이 불가능했다. 그러나 사물인터넷 시대가 다가오면서 상황은 달라졌다. 센서를 다양한 기기에 내장시킴으로써 센서의 수가 급격히 많아지고 이들이 인터넷을 통해 네트워크로 연결됨으로써 수집된 정보를 조직적이고 종합적으로 분석할 수 있는 기틀이 마련된 것이다. 즉, 센서라는 물리적 한계를 사물인터넷으로 극복할 수 있게 된 것이다. 어찌 보면 사물인터넷의 가장 큰 의미는 물리적인 세상과 가상의 세상을 완벽하게 결합할 수 있다는 점일 것이다.

온라인과 오프라인의 연결,
O2O

O2O(Online - to - Offline 혹은 Offline - to - Online)는 온라인과 오프라인이 연결되는 것을 말한다. 사람에 따라 온라인을 앞에 두기도 하고 오프라인을 앞에 두기도 하는데, 현재는 순서를 굳이 구분하지 않고 사용하고 있다. 대표적인 O2O 서비스는 카카오택시나 우버와 같이 교통편을 온라인으로 신청해서 사용하는 것이다. 또한 최근 가장 큰 O2O 서비스 중 하나는 에어비앤비(air bnb), 쏘카(SoCar) 같이 유휴 자원(숙박, 자동차 등)을 공유하는 것이다. 공유경제(sharing economy)라는 용어로 많이 불리는 이와 같은 서비스는 자원이 남는 사람과 그 자원이 필요한 사람을 연결해 줌으로써 양측 모두에게 혜택을 제공하고 거기서 발생하는 수수료로 돈을 벌고 있다.

PART 5 모든 사물이 인터넷으로 연결되고 있다

에어비앤비와 우버가 기존의 호텔이나 택시 서비스와 다른 점은 필요한 자원과 서비스를 제공하는 주체가 전문적인 기업이 아니라 일반인이라는 점이다. 일반인이 가지고 있는 유휴자원을 필요한 사람에게 제공하고 대가를 받는 경제활동은 예전부터 존재하였다. 빈방을 빌려주고 돈을 받는 민박이나 출퇴근 방향이 같은 사람끼리 연결해서 자동차를 같이 타는 카풀(car pool) 등이 그것이다. 그런데, 민박은 관광지와 같이 수요가 많은 곳에서나 볼 수 있고, 카풀도 정부에서 강하게 권장했지만 활성화되지는 않았다.

왜 공유경제가 지금에서야 활발해졌을까

민박의 경우를 생각해 보자. 이용하는 입장에서는 어디에서 민박이 가능한지에 대한 정보를 알 수 없고, 민박이 있다 하더라도 어떤 방인지, 바가지를 쓰지는 않을지 등에 대한 걱정을 떨칠 수 없었다. 민박을 제공하는 입장에서는 민박이 필요한 사람을 찾기가 어렵기 때문에 방을 제공하고 싶어도 못하는 경우가 많았다. 즉, 거래에 수반되는 수고로움이(비용)이 너무 컸다(비쌌다).

카풀도 마찬가지이다. 출퇴근 경로가 비슷하고 시간도 맞는 사람을 찾기가 쉽지 않다. 설혹 그런 사람을 구했다고 하더라도 비용부담을 어떻게 할지에 대한 문제가 명확하지 않고, 또한 휴가나 긴급한 일이 생기면 연락해서 일정을 조정해야 하는 번거로움이 생긴다.

● Uber의 화면과 카카오택시의 화면

  이처럼 과거에 공유경제가 활성화 되지 않은 이유는 자원을 공유하
는데 따르는 다양한 조정과 결제 등에 따른 비용이 너무 컸기 때문이다.
그래서 조정을 자주할 필요가 없는 장기계약(전세, 월세 등)을 하거나 아예
본인이 직접 구입(자동차)하는 것이 일반적이었다. 그런데 이것이 온라인
으로 가게 되면서 조정비용이 매우 낮아졌다. 앞에서 설명한 가상성의
특징 중 온라인상에서 정보처리비용이 0에 수렴한다는 점을 떠올려 보

라. 조정비용도 결국에는 처리비용이므로 이 비용이 싸지면 아주 조그만 단위의 거래도 부담 없이 할 수 있다. 거기에다 모바일 기기를 통해 현재의 위치에 대한 정보까지 정확히 알 수 있기 때문에 운송과 같이 실시간 위치가 중요한 서비스의 효율적인 거래가 가능해졌다.

모바일 금융의 모든 것, 핀테크

■
▪
■

요즘 핀테크(FinTech, Financial Technology)라는 말은 삼성페이나 애플페이와 같이 모바일 결제를 의미하는 말로 주로 사용된다. 그러나 정확히 말하면, 핀테크는 모바일 결제를 포함한 모바일 금융 분야 전체를 뜻하는 말이다. 애플은 NFC기반의 애플페이를 선보였고, 삼성은 NFC 뿐 아니라 기존의 마그네틱 카드용 단말기까지 사용할 수 있는 삼성페이를 출시하였다. 기술적인 내용은 박스를 참조하기 바란다.

○ 삼성페이(위)와 애플페이(아래)

개인 간 대출 서비스의 등장

사실 삼성페이나 애플페이와 같은 모바일 결제는 핀테크의 일부분에 지나지 않는다. 오히려 더 크고 중요한 부분은 결제와 관련된 계좌관리, 대출, 금융상품 개발 및 운용 등이라고 할 수 있다. 예를 들어, 은행의 가장 중요한 기능 중 하나가 대출인데, 은행의 대출 서비스를 대체할 수 있는 개인 간 대출(P2P Lending) 서비스*가 등장하면서 은행의 대출 비즈니스가 위협을 받고 있다. 만일 개인 간 대출이 확산된다면, '개인의 여유자금을 예금으로 유치해서 이자를 지급하고, 이 돈을 필요한 사람에게 대출해서 이자를 받는다.'는 은행의 전통적인 비즈니스 중 개인에 대한 대출 부분이 큰 타격을 받을 수 있다. 또한, 알리페이와 같은 선불형 지불수단이 일반화되면 개인의 여유자금을 유치하는 예금산업도 영향을 받을 것이다.

은행이 예금-대출 모델에서 경쟁력을 확보할 수 있었던 것은 대출 신청자를 평가할 수 있는 능력이 있었기 때문이다. 과거에는 이러한 평가를 위한 정보가 은행과 신용카드 회사와 같은 소수의 기관에 집중되어 있었다. 그런데 지금은 다양한 정보의 원천이 있어서 은행의 경쟁력이 약해지고 있다. 예를 들어, 개인 간 대출의 경우 대출을 받고 싶은 사람이 사이트에 금액과 필요한 이유 등을 올리면 이와 함께 개인의 SNS 계정이 자동으로 올라간다. 그러면 대출을 해줄 사람들은 이들의 SNS 계정에 있는 정보와 친구로 등록된 사람 등을 보고 대출을 해줄지, 이자율은 얼마로 할 지 등을 결정하게 된다. 이러한 새로운 비즈니스가 모바일 결제보다 오히려 은행의 비즈니스를 더 위협하는 것이라 볼 수 있다.

핀테크에서 모바일 결제가 가장 많이 얘기되는 이유는 모바일 결제가 몰고 올 결제시장의 변혁 때문이다. 사람들이 모바일 결제를 많이 사용해

---

* Prosper(http://www.prosper.com/landing)나 Lending Club(http://www.lendingclub.com/)이 대표적이다.

PART 5 모든 사물이 인터넷으로 연결되고 있다

서 현금이나 신용카드와 같은 현재의 지불수단을 대체하게 된다면 새로운 비즈니스가 만들어질 수 있다. 모바일 결제가 가지고 있는 가장 큰 잠재력은 사용자의 자세한 구매정보를 수집할 수 있다는 점이다. 지금도 이미 신용카드 회사에서는 각 고객이 어디에 얼마나 소비하는지에 대한 정보를 수집해서 다양한 분석을 하고 있다. 신용카드 정보를 바탕으로 상권 분석 서비스를 제공하거나[*] 관광서비스 개선을 시도하고 있는 것이다.[**]

전방위적 고객 정보의 수집과 활용

모바일 결제가 일반화되면 기존에 수집되는 결제 정보에 다른 정보가 결합하게 된다. 최근에 한국에서 출범을 준비하고 있는 인터넷 은행을 생각해 보자. 한국에서 인터넷 전용은행으로서 카카오가 주축이 된 카카오은행과 KT가 주축이 된 케이뱅크가 2016년 영업을 목표로 준비 중이었는데, 관련 법률이 통과되지 않아서 지연되고 있다.[***] 어찌되었든 이들 은행이 모바일 결제까지 겸하게 되면 어떤 일이 생길까? 카카오 은행은 카카오톡과 같은 SNS와 카카오택시와 같은 O2O서비스를 기반으로 고객을 확보할 것이다. 그러면 SNS, O2O 서비스에서 수집된 고객

[*] CardGorilla, "현대카드-SKT, 상권분석 서비스 개발, 2010년 10월 25일.
[**] 김영헌, "신용카드 빅데이터로 제주관광 분석한다," 한국일보, 2016년 2월 23일.
[***] http://김현기, "은행법 개정 지연에 속 타는 카카오·KT," 한국경제매거진, 2016년 3월 23일.

의 행동 정보와 결제 정보가 결합되면서 고객 개개인의 행동과 쇼핑 패턴에 대한 더 자세한 분석이 가능해 질 것이다. 케이뱅크의 경우도 KT라는 통신회사가 가지고 있는 고객의 통신정보에 결제정보가 결합되면 고객의 이동과 쇼핑 패턴, 더 나아가서는 생활패턴에 대한 더 자세한 분석이 가능해질 것이다. 다양한 정보가 결합될수록 가치가 커지는 가상성의 특성상, 수집되는 정보의 가치는 더 커질 것이다.

지금은 개인정보 보호법과 각 회사의 이해관계가 엇갈리기 때문에 정보교환이 활발하지 않다. 그렇지만 앞으로는 고객정보를 공유하는 것의 가치가 매우 커질 것이고, 고객이 받는 이익도 커질 것이기 때문에 법률과 규정이 정비되면 프라이버시를 침해하지 않는 범위에서 고객정보의 교환이 활발히 일어날 것으로 예상할 수 있다. 이때 고객정보 수집의 핵심적인 역할을 하는 주축회사가 등장할 것인데, 이 역할을 누가 하느냐에 따라 미래 산업의 지형이 크게 바뀔 수 있다. 이 주축회사가 정보 분석에서 주도적인 역할을 하면서 파워를 쥘 가능성이 높기 때문이다. 주도권을 쥐면 당연히 이익을 많이 낼 수 있을 것이다. 현재 인터넷 사용자의 검색정보를 독점하면서 큰 수익을 내고 있는 구글이나 네이버를 보면 이해가 될 것이다. 현재는 고객의 자세한 정보를 가지고 있고, 다양한 회사와 파트너 관계가 있는 모바일 결제회사가 그 역할을 할 가능성이 높아 보인다. 그래서 스마트폰 회사, 은행, 신용카드 회사, 심지어는 카카오와 같은 SNS 회사도 모바일 결제에서 주도권을 잡기 위해 혼신의 힘을 다하고 있는 것이다.

모바일
결제 기술

모바일 결제를 위해서는 기본적으로 결제를 하는 사람이 누구인지를 인식하는 방법과 그 사람이 맞는지를 확인하는 보안기술이 필요하다.

1) NFC(Near Field Communication) 방식

애플페이가 대표적인 방식으로, NFC칩이 내장되어 있는(정확히는 NFC칩을 흉내 내는) 스마트폰을 사용하는 방식이다. NFC는 20cm 이내의 근거리 통신을 위한 기술이다. NFC칩은 2015년 현재 96에서 8,192bytes까지의 읽기 전용 정보를 기록할 수 있다. 이 정도면 결제하는 사람의 정보를 충분히 기록할 수 있다. NFC 스마트폰을 단말기에 가까이 대면 NFC칩에 저장되어 있는 정보가 단말기로 전송되어 결제하는 사람이 누구인지, 어떤 계정에서 결제하는지 등을 알아내어 결제하게 된다.

2) 마그네틱 단말기 방식

삼성이 NFC 방식과 더불어 채용한 방식으로서 원래 기술은 Loop-

Pay라는 회사에서 개발하였는데 삼성이 인수하였다. 기존의 마그네틱 카드는 단말기에 카드를 긁게 되는데, 긁는 순간 마그네틱 띠에 기록되어 있는 정보(주로 카드번호, 유효기간 등)가 단말기로 전송된다. 자성을 띤 마그네틱 띠를 단말기 헤드에 대고 움직이는 순간 기록된 정보에 해당하는 자기장 패턴이 헤드에 미세한 전류를 발생시켜 이를 감지하는 방식이다. 이것은 자석을 코일 근처에서 움직이면 전기가 생기는 것과 같은 원리이다. 삼성페이는 이러한 자기장 패턴을 스마트폰이 발생시키도록 함으로써 단말기 헤드에 마그네틱 카드를 긁는 것과 똑같은 효과를 보도록 했다. 아직까지도 많이 사용하고 있는 구형 단말기를 그대로 사용할 수 있다는 장점이 있다.

3) QR코드나 바코드 방식

결제를 하려는 사람이 스마트폰 앱을 사용해서 고유의 QR코드나 바코드를 화면에 표시하고 이를 단말기 스캐너로 읽는 방식이다. 기술에 따라서는 일회용 QR코드나 바코드를 그때그때 발생시켜서 보안성을 높이기도 한다.

4) 보안을 위한 기술

모바일 결제를 위한 보안기술은 다양한 종류가 있는데, 현재 가장 많이 사용되는 방식은 결제 마지막 단계에 비밀번호를 사용하는 것이다. 그 다음으로 최근 사용이 늘어나는 방식은 지문인식이다. 모바일 결제를 위한 앱을 구동시키려면 지문인식을 통해 본인확인을 거쳐야만 결제가 가능하도록 하는 방식이다. 애플과 삼성을 포함한 많은 스마트폰이 지문인식 기능을 가지고 있기 때문에 이를 활용하고자 하는 방식이다.

PART

06

현실과 상상의
경계가 사라지고 있다

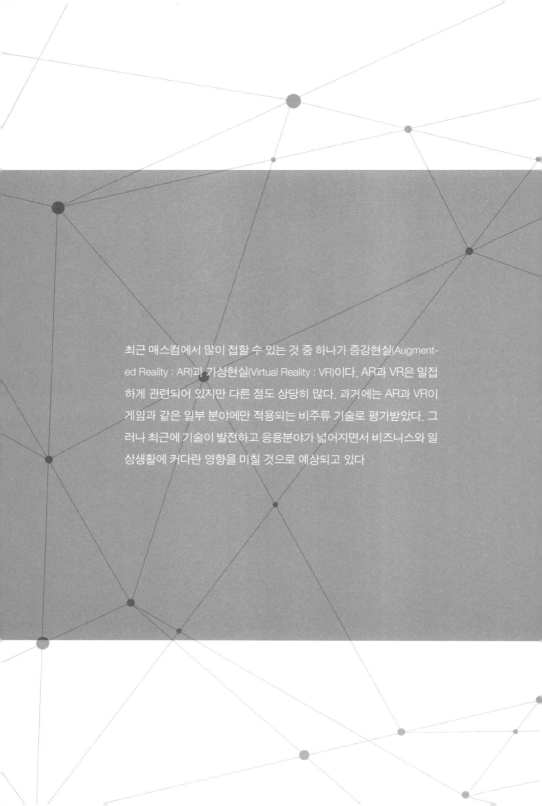

최근 매스컴에서 많이 접할 수 있는 것 중 하나가 증강현실(Augment-ed Reality : AR)과 가상현실(Virtual Reality : VR)이다. AR과 VR은 밀접하게 관련되어 있지만 다른 점도 상당히 많다. 과거에는 AR과 VR이 게임과 같은 일부 분야에만 적용되는 비주류 기술로 평가받았다. 그러나 최근에 기술이 발전하고 응용분야가 넓어지면서 비즈니스와 일상생활에 커다란 영향을 미칠 것으로 예상되고 있다

일상 속으로 들어오고 있는
가상의 세계

■
■
■

컴퓨터가 만들어 낸 세상, 가상현실

가상현실을 먼저 얘기해 보도록 하자. 가상현실은 컴퓨터 그래픽 기술로 현실과 비슷한 세상을 만들어 낸 것이다. 우리나라에서도 큰 인기를 얻은 영화 〈아바타〉가 좋은 예이다. 이 영화에는 많은 가상현실 장면이 등장한다. 특히, 나비족 마을의 장면은 모두 가상현실이라고 보면 된다. 비즈니스 분야에서는 온라인 게임이 가상현실에 기반한 서비스의 예이다. 게임에 등장하는 세계나 주인공은 모두 컴퓨터가 만들어 낸 가상의 세계이다.

가상현실과 관련해서 최근에 큰 관심을 받는 기기로 오큘러스(Oculus)

라는 회사의 가상현실 표시장치가 있다. 다음 사진에서와 같은 장치를 머리에 쓰면 이 기기를 통해서 3D입체 화면이 표시된다. 자이로스코프가 내장되어 있어 사용자가 머리를 움직이는 것을 아주 정확히 감지해 그에 맞게 화면을 움직인다. 예를 들어 고개를 숙이면 아래쪽 장면이 보이고, 왼쪽으로 돌리면 왼쪽의 장면이 보이는 식이다. 그래서 사용자는 마치 자신이 실제 그 세상에 들어와 있는 것처럼 느끼게 된다. 유튜브에

◉ 오큘러스의 VR 장치 Rift와 삼성 기어 VR 그리고 사용자가 보는 화면의 예

(출처 : Oculus 홈페이지)

올라와 있는 오큘러스 관련 영상을 보면 이 장치를 착용하고 가상의 세계를 체험하는 사람들이 현실과 착각을 일으켜 소리를 지르면서 당황하는 장면들을 많이 볼 수 있다.

앞으로 이 장치를 사용할 수 있는 영화가 만들어지면 아이맥스나 3D 영화보다도 더 현실감 있는 영화를 볼 수 있을 것이다. 아이맥스 영화도 큰 화면으로 실감나는 영상을 보여주기는 하지만 360도 화면을 모두 3D로 볼 수 있는 이 장치와는 현실감에서 상대가 되지 않는다. 2015년에는 오큘러스와 삼성이 협력해서 사진의 오른쪽에 있는 것과 같이 갤럭시 스마트폰을 꽂아서 사용할 수 있는 삼성 기어 VR을 출시하기도 하였다.

실사와 가상 영상의 결합, 증강현실

이제 증강현실에 대해서 얘기해 보자. 증강현실이란 실제로 존재하는 물체나 주변 환경의 실사 영상에 가상의 영상이나 정보를 실시간으로 합성하는 기법이다. 가상현실이 허구의 공간인 반면, 증강현실의 공간은 실제의 공간을 기반으로 한다는 차이가 있다. 실제 공간, 즉 현실에 각종 부가적인 정보를 추가시켜 만든 공간이 바로 증강현실이다.

마이크로소프트가 최근에 시연을 한 홀로렌즈(Hololens)라는 기기가 좋은 예이다.* 이 기기는 오큘러스의 VR기기와 비슷하게 얼굴에 착용하지만 현실의 장면도 같이 표시된다는 점에서 차이가 있다. 사진에서 보듯이 실제 방의 벽과 가구에 추가로 컴퓨터가 만들어낸 영상이 표시되면서 게임과 같은 다양한 활동을 할 수 있다.

몇 년 전에 출시된 구글 글라스(Google Glass)라는 제품도 AR 기술의 하나라고 할 수 있다. 이 제품을 쓰면 당연히 실제 세상이 보이고, 여기에 추가해서 다양한 정보가 같이 표시된다.

●마이크로소프트 홀로렌즈의 사용 예 (출처 : PCWorld)

증강현실은 2000년대 중반까지는 연구개발 및 시험적용 단계에 머물러 있어 실용화된 것은 많지 않았다. 실용화된 대표적인 사례로는 제조업체에서 복잡한 제품의 조립이나 수리에서 직원의 훈련을 목적으로

* 아시아경제, 2015년 10월 7일자 참조.

사용하는 경우를 들 수 있다. 교육생이 표시장치를 쓰면 실제 영상에 추가 정보를 더한 화면을 보면서 작업을 할 수 있어 큰 교육효과를 볼 수 있었다. 최근에는 카메라와 그래픽 처리 능력을 높인 단말기, 충분한 속도의 무선통신, GPS 등의 기능을 갖춘 스마트폰이 등장하면서 전문기기 없이 사용할 수 있어 실용화 단계에 진입하였다고 볼 수 있다.

증강현실과 가상현실은 아주 별개의 기술이 아니다. 현실과 가상의 정보 혹은 세상을 얼마나 섞느냐에 따라서 100% 가상정보이면 가상현실이 되고 가상정보가 0%이면 그냥 실사영상, 가상정보가 0% 초과 100% 미만으로 적절히 섞이면 증강현실이라고 볼 수 있다.

AR / VR
기술

    가상현실은 얼마나 현실감 있는 영상을 만드느냐에 성패가 달려있다. 영화에서는 현실감 있는 영상을 만들기 위해 사람의 몸에 센서를 설치하고 신체 각 부분의 움직임을 기록해 영상제작에 사용하기도 한다. 온라인 게임 제작자를 위해서 이런 데이터를 바탕으로 사람과 다양한 생명체, 사물의 움직임을 부드럽게 만들어낼 수 있는 소프트웨어 엔진들이 개발되어 있다.

    증강현실의 경우, 가장 중요하면서 까다로운 기술은 실사 영상에 가상의 정보를 정확히 위치시키는 것이다. 예를 들어, 첫 번째 사진과 같은 제품제조를 위한 증강현실에서 부품이 정확한 위치에 표시되지 않으면 심각한 문제가 발생한다. 정확한 표시를 위해 사용하는 기술은 대략 3가지 정도로 나뉜다. 첫째로 위치기반 증강현실이 있다. 스마트폰에서 많이 사용하는 방법인데, GPS 등을 통해 수집한 위치 정보를 바탕으로, 실사영상에 가상 정보를 덧붙이는 방법이다. 둘째는 마커(Marker)기반 증강현실이다. 두 번째 사진을 보면 현실의 물체 위의 마커가 보일 것이다. 이처럼 카메라를 통해 인식한 실제 이미지에 마커를 기준으로 가상 정보를 덧붙이는 것이 마커 기반 증강현실이다. 이 방법은 가장 정확하기는 하지만 마커가 설치되지 않은 장소에는 적용할 수 없기 때문에 제조라인이나 기업의 제품 체험장과 같이 공간이 제한된 분야에 주로 사용된다. 세 번째는 마커리스(Markerless)기반 증강현실이다. 기본 방식은 마커 기반과 동일하나 마커를 사용하는 대신 이를 대체하기 위해 입력 영상의 특징점을 추출하고, 추출된 특징점을 목표물 정보와 비교하여 가상의 정보를 원하는 장소에 표시한다. 각 특징점의 좌표변화를 컴퓨터가 실시간 추적해서 목표 영상 또는 사용자가 움직이기 시작하면 그에 맞도록 3D 객체를 계속해서 다시 변경해서 덧붙이게 된다.

◉ 교육훈련용 AR, 마커기반 AR, 마커리스 AR

(출처 : A Life Studio, http://www.alife-studios.com)

증강현실과 가상현실의
발전 방향

■
■
■

AR/VR 기술은 무궁무진한 잠재력을 가지고 있다. 미래 AR/VR의 발전 방향을 몇 가지 정리해 보기로 한다.

현실감을 높이는 그래픽 기술

성공적인 AR/VR을 위해서는 현실과 비슷한 높은 퀄리티의 그래픽 기술이 필수적이다. 가상 이미지가 현실과 비슷해야 사용하는 사람들이 더 현실처럼 느낄 것이기 때문이다. 그런데 그래픽의 퀄리티를 높이려면 그만큼 처리 능력이 큰 프로세서가 필요하다. 작고 가벼운 단말장치를 사용해야 하는 모바일 환경의 경우, 처리용량이 큰 프로세서를 사용하는 데 한계가 있다. 따라서 현실감과 처리 속도라는 두 가지 목표 중간 어디에선가 균형점을 찾게 될 것이다. 정보처리 용량이 지속적으로 증가하는 가상성의 특성상 앞으로 모바일 디바이스에서도 충분히 좋은 화질의 그래픽을 사용하게 될 것이라 예상된다.

그래픽 기술에서 발전 가능성이 높은 또 다른 분야는 사물이나 인물의 움직임에 관한 분야이다. 현재는 좀 더 자연스러운 움직임을 위해서 사람이나 사물에 움직임을 포착하는 센서를 붙이고 움직임을 잡아내서 그래픽과 결합시키는 기술을 사용한다. 아마 많은 분들이 〈아바타〉나 다른 영화의 제작과정을 보여주는 영상에서 배우가 온몸에 센서를 붙이고 해당 캐릭터를 연기하는 모습을 본 적이 있을 것이다. 아직은 컴퓨터가 사람이나 사물의 움직임을 자연스럽게 만들어 낼 수 없기 때문에 이런 방법을 쓰고 있다. 앞으로 기술이 더 발전하면 컴퓨터만으로도 자연스러운 움직임을 표현하는 그래픽 기술을 사용하게 될 것이다.

정확한 위치 파악 기술

VR/AR을 위한 위치 파악 기술에는 크게 두 가지가 있다. 이중 GPS를 사용해 지리적인 위치를 파악하는 기술은 현실에 정보를 덧붙여 제공해야 하는 증강현실에 특히 중요하다. 그에 비해 사용자의 움직임과 현재 향하고 있는 방향을 파악해서 반영하는 기술은 증강현실 가상현실에 모두 중요하다.

현재 사용되고 있는 GPS 기술은 오차범위가 수십 미터에 이르기 때문에 정밀한 위치 파악에 한계가 있다. 또한 건물 안과 같이 위성신호가 방해를 받는 경우에는 GPS 정보를 아예 사용하지 못하는 경우도 생긴다. 그러나 오차범위가 수십 센티미터인 군사용 GPS 기술이 민간에 개방되고 위성을 보조하는 다양한 위치인식 기술이 개발되고 있어, 미래에는 이런 문제가 해결될 것으로 예상된다. 추가적으로 현재 개발, 사용되는 기술로서 GPS를 사용하지 못하는 경우 건물의 무선 Wifi의 IP주소로 어느 건물에 있는지를 파악해 그 건물의 위치를 현재 위치로 간주하는 기술이 있다. 또한 사용자의 단말기와 통신하는 저전력 블루투스(BLE, Bluetooth Low Energy) 센서를 사용해서 사용자가 건물의 어디에 있는지 정확히 파악하는 기술 등이 보조적으로 사용되고 있다. 앞으로 사물인터넷(Internet of Things: IoT)이 일반화되고 다양한 센서가 많아지면 지리적 위치를 파악하는 문제는 상당 부분 해결될 것으로 예상된다.

사용자가 VR 장치를 머리에 착용하는 경우, 머리의 움직임을 정확히 감지해서 해당 이미지를 표시해야 한다. 예를 들어, 오른쪽으로 머리를 돌리면 오른쪽 부분의 이미지로 자연스럽게 움직여야 현실감을 느끼게 된다. 현재 사용자의 머리 움직임을 감지하는 기술은 어느 정도 완성단계에 있다. 그러나 사용자의 신체가 전체적으로 움직이는 것을 감지하고, 눈동자의 움직임을 감지해서 더 현실적인 이미지를 보이는 기술은 아직 개발단계에 있다. 증강현실의 경우, 특히 사용자가 모바일 기기를 사용해서 현실의 물체에 대한 추가 정보를 얻는 목적으로 사용하는 경우에는 사용자의 방향이 어느 쪽인지, 즉 무엇을 보고 있는지를 정확히 감지해서 해당 정보를 표시해야 한다. 이를 위해서는 모바일 기기의 카메라에 잡힌 물체에 대한 분석을 통해 그것이 어떤 물체인지를 빠르고 정확히 알아내는 기술이 필요하다. 이를 위해서는 GPS를 통해 사용자의 대략적인 위치를 파악하고, 그 위치 주변의 주요 건물이나 물체에 대한 이미지를 데이터베이스에서 불러와 맞춰보고, 어떤 물체인지를 파악한 다음 해당 물체에 대한 추가 정보를 찾아서 표시하는 등의 대량의 데이터 처리가 필요하다. 현재는 제한된 지역의 제한된 건물과 물체에 대해서만 사용할 수 있지만 앞으로 기술이 발전하고 데이터베이스가 갖춰지면 이 문제도 점차 해결될 것으로 예상된다.

콘텐츠 확보와 개발이 관건

AR/VR의 실용화를 위해서는 AR/VR의 구현을 위한 하드웨어, 소프트웨어는 물론 콘텐츠의 확보가 중요하다. 가상현실은 360도 이미지가 필요한 관계로 기존의 콘텐츠는 그대로 사용하기 어렵다. 그리고 3D가 일반화되면 3D용 콘텐츠를 별도로 만들어야 한다.

증강현실 기술을 위한 컨텐츠를 개발하기 위해서는 우선, 사용자의 관심이 무엇인지 파악해야 한다. 그리고 현실의 물체에 대한 이미지 정보가 필요하고, 각 물체에 대한 추가 정보가 확보되어야 한다. 예를 들어, 사용자가 모바일 기기로 지정한 물체가 어떤 건물이라면 해당 건물의 이름 정도는 이미지로부터 알 수 있겠지만, 그 건물에 대한 추가 정보*는 건물에 입주한 점포의 정보를 제공하는 데이터베이스로부터 가져와야 할 것이다.

위와 같은 콘텐츠는 하루아침에 확보될 수 있는 것이 아니다. AR/VR이 자리를 잡으면서 점차 확보될 것이다. 이 과정에서 AR/VR을 위한 다양한 비즈니스 생태계가 만들어질 것으로 예상된다.

더 편리한 표시 기술

현재의 AR/VR은 특수한 장치를 필요로 한다. 특히 VR의 경우 현재는 Oculus Rift처럼 얼굴에 착용하는 표시장치(Head-mount display)를 써야만 사용할 수 있다. AR의 경우에도 특수한 안경을 쓰거나 AR 소프트웨어가 설치된 스마트폰과 같은 장치를 사용해야 한다. 이렇게 특수한 표시장치가 필요하다는 것은 AR/VR의 보급에 장애요인으로 작용한다. 앞으로 특수 표시장치가 필요 없는 쪽으로 기술이 개발되면 이러한 불

---

* 건물 안에 어떤 가게들이 있는지, 가게에서 취급하는 제품과 가격은 어떤지, 사무실이 있다면 어떤 회사의 사무실이 입주해 있는지 등의 정보.

PART 6 현실세계와 상상세계의 경계가 사라지고 있다

편함은 사라지고 AR/VR의 보급이 더 빨라질 것이다.

특수 장치가 필요 없는 표시기술이 어떤 것인지는 〈스타워즈〉나 〈마이너리티 리포트〉와 같은 영화에 나오는 것처럼 허공에 3차원 영상이 표시되고 사용자가 손동작으로 이를 조작하면서 컴퓨터와 상호작용하는 표시장치를 생각하면 이해가 빠를 것이다. 이러한 표시장치가 얼마나 빨리 개발될지는 예측하기 어렵지만 상용화되면 사용자의 불편함을 줄여주는 것은 물론, 앞으로 다양한 기기에 AR/VR 기능을 넣는데 중요한 역할을 할 것으로 예상된다.

비즈니스의 새로운 기회,
가상의 세계

■
■
■

    AR/VR의 활용 방안을 분야별로 설명하고 그 영향에 대해서 생각해
보기로 한다. 증강현실과 가상현실 기술이 발전함에 따라 기업 경영에
도 많은 영향이 있을 것으로 예상된다.

엔터테인먼트

    우선 가상현실을 살펴보면 단기적으로는 엔터테인먼트 산업에 직접
적인 영향이 있을 것으로 예상해 볼 수 있다. 이미 VR/AR로 큰돈을 버
는 분야가 있는데, 바로 스크린 골프다. 스크린 골프는 사용자의 스윙

이라는 물리적 현실과 공의 움직임이 코스에 표시되는 가상의 정보가 결합된 시스템이다. 다른 운동 분야에도 AR/VR이 도입되면 성공할 가능성이 크다고 생각된다. 예를 들어, 러닝머신에 실감나는 배경이 표시되고, 또 자신이 그 배경을 선택할 수 있게 된다면 더 재미있게 운동을 할 수 있을 것이다. 더불어 다른 사람들과 함께 가상의 공간에서 러닝을 하면서 게임을 할 수 있다면 더 큰 운동효과가 있을 것이다. 다음 사진은 실제로 얼마 전에 시제품으로 나온 VR을 이용한 사이클 운동기구이다. 사용자는 다양한 배경을 선택할 수 있고, 이 배경이 3D로 보이기 때문에 실제로 자전거를 타고 돌아다니는 듯한 느낌을 가질 수 있다.

◐ VR를 활용한 운동 (출처 : http://www.veloporter.net)

영화에서는 이미 4D라는 이름으로 입체화면과 함께 좌석의 움직임으로 더욱 현실감을 느끼게 하는 일종의 가상현실 영화가 제공되고 있다. 여기에 VR 장치를 사용해서 관람객이 360도를 다 볼 수 있는 영화가 만들어지면 영화 산업이 한 단계 발전할 것으로 예상해 볼 수 있다.

TV시청 방식도 마찬가지이다. 지금처럼 모든 시청자가 똑같은 화면을 보는 것이 아니라 자기가 원하는 각도의 화면을 볼 수도 있을 것이다. 예를 들어, 축구 중계를 볼 때 시청자가 경기장에서 선수들과 같이 뛰는 것처럼 고개를 돌려가면서 다양한 각도에서 볼 수 있다면 더 실감나는 시청이 가능할 것이다.

VR이 게임에 적용된다면 지금처럼 키보드와 마우스만 사용하는 것이 아니라 온몸을 사용하는 다른 차원의 게임이 등장할 것이다. 이미 일부 제품이 나와 있지만, 총을 쏘는 슈팅게임에 가상현실을 적용하면 게임을 하는 사람이 정말로 전투의 한 가운데에 있는 것과 같은 실감나는 경험을 할 수 있을 것이다. 여기에 촉각과 진동 등을 지원해 주는 장갑이나 옷과 같은 특수 장비를 착용하면 현실감은 더 커질 것이다. 최근에 화제가 된 '포켓몬 고'도 간단한 AR기술을 활용한 게임이라고 할 수 있다.

교육/훈련

증강현실과 가상현실은 교육을 위한 컴퓨터 시스템 산업에 큰 변화를 가져올 것이다. 일찍이 가상현실을 교육에 본격적으로 도입한 분야로는 항공 산업이 있다. 항공사에서는 조종사의 기초 훈련뿐만 아니라 한 기종에서 다른 기종으로 바꾸는 '기종 전환' 훈련에서도 컴퓨터 시뮬레이터를 사용하고 있다. 훈련을 위해 실제 비행기를 사용하면 비행하는데 들어가는 비용도 크지만, 훈련 중 실수로 사고가 생기는 경우에 천문학적인 손실이 발생한다. 그래서 항공 산업 분야에서는 시뮬레이터를 사용한 가상현실 훈련이 매우 효과적이다.

● 항공기 시뮬레이터
(출처 : AINonline, http://www.ainonline.com)

가상현실을 적용하는 시뮬레이터 개발에는 많은 비용이 들어가기 때문에 아직은 항공사와 같은 특정한 분야에서만 사용하고 있다. 그러나 앞으로 비용이 낮아지면 더 많은 분야에서 사용될 수 있을 것이다. 예를 들어, 제조업에서 증강현실을 훈련에 사용할 수 있다. 이를 실제 제조라인에 적용함으로써, 항공기와 같은 복잡한 제품의 제조공정에서 오류를 줄이고 생산성을 높일 수 있을 것이다.

또한 의료분야와 같이 정밀한 기술이 요구되는 분야에서 증강현실이 유용하게 쓰일 것이다. 예를 들어, 의과대학에서 가상현실을 사용해서 다양한 상황에서의 수술과 처치 방법을 실습하게 할 수 있다. 또한 수술을 할 때, 사전검사를 통해 확보된 환자의 정보를 수술을 집도하는 의사의 눈에 표시하는 증강현실을 사용한다면 더 효과적인 수술이 가능할 것이다.

광고/마케팅

또 다른 분야로는 광고를 들 수 있다. 요즘 사람들은 사진을 많이 찍는데, 만일 카메라 화면에 주요 장소에 대한 설명이 추가로 보이고, 또 적절한 시점에 관련 있는 광고를 하다면 더 큰 광고효과를 기대할 수 있을 것이다.

AR을 활용한 가장 성공적인 마케팅 활동은 아마도 2010년 일본의 광고대행사인 덴츠에서 시작한 'iButterfly'일 것이다. iButterfly 어플을 사용자의 스마트폰에 설치하면 특정 광고주의 매장이나 지정된 지점에서 현실에서는 보이지 않는 나비가 화면에 보인다. 이때 스마트폰을 강하게 흔들면 스마트폰의 모션센서가 이를 감지해서 해당 나비를 잡은 것으로 기록한다.

　나비의 종류는 만들기에 따라 한없이 많은 종류가 존재할 수 있다. 단순한 할인쿠폰 나비부터 여러 개를 다 모아야 효력이 있는 시리즈 형태, 매우 희귀해서 가치가 높은 나비 등등 무궁한 형태로 변형이 가능하다. 광고주들은 iButterfly를 활용해서 고객을 특정 매장이나 지점으로 오도록 유도할 수도 있고 브랜드 파워를 높이는데 활용할 수 있다. 그리고 특정 제품의 판매증진에 사용할 수도 있다. 또한 고객들이 나비를 잡고 사용하는 데이터를 수집해서 고객 분석에 활용할 수도 있다.

○ iButterfly 사용 화면의 예 (출처 : http://ibutterfly.hk)

이 외에도 제품에 인쇄된 특정 QR코드나 그림을 스마트폰으로 비추면 특정 인물이나 물체가 증강현실로 나타나는 광고는 현재도 많이 사용되고 있다.

증강현실은 이와 같이 기업의 마케팅 활동에 효과적으로 사용될 수 있다. 예를 들어 게임의 경우, 게임 안의 가상현실 공간에 기업의 제품/브랜드를 홍보하는 광고를 활발히 하고 있다. 가상현실이 더 널리 퍼지면 광고효과가 더욱 커질 것으로 예상해 볼 수 있다.

컴퓨터 산업

그 외에도 가상현실의 잠재력은 매우 크다. 만일 기술이 발전해서 오큘러스와 같은 가상현실 장치를 컴퓨터 디스플레이로 사용할 수 있다면 눈에 보이는 모든 영역을 컴퓨터 화면으로 사용할 수 있게 될 것이다. 이렇게 되면 우리가 컴퓨터를 사용하는 방식과 컴퓨터 산업에 큰 영향을 줄 것이다. 예를 들어, 엑셀이 20인치 모니터 안에 있는 것이 아니라, 360도 모든 공간에 있다고 생각해 보라! 우리가 현재 컴퓨터를 사용하는 방식과는 상당히 다른 컴퓨터 입출력 방식이 필요할 것이다.

또한 AR/VR 시장이 커지면 관련 컴퓨터 산업도 커질 것이다. 위에서 언급했듯이 AR/VR의 구현을 위해서는 많은 그래픽 처리와 데이터 처리가 필요하다. 따라서 AR/VR의 실현을 위해서 이런 능력을 가진 컴퓨터와 모바일 기기가 필요할 것이다. 또한 AR/VR이 자동차나 냉장고와 같은 기기와 결합되면 이들 기기에 들어가는 AR/VR 장치가 필요할 것이기 때문에 해당 산업이 성장할 수 있을 것이다.

이미 현실이 되고 있는
자율주행자동차와 드론

자율주행자동차는 자동차에 다양한 센서와 길을 찾아가는 지능이 있어서 스스로 운행을 하는 자동차를 말한다. 현재 여러 회사에서 다양한 형태의 자율주행자동차를 연구하고 있다. 대표적으로는 구글이나 애플과 같은 IT회사, 그리고 벤츠, BMW, 현대자동차와 같은 자동차 회사가 있다.

2016년 세계 최대의 가전제품 전시회인 CES(Consumer Electronics Show) 2016에서는 전통적인 가전제품인 TV나 세탁기 같은 제품보다 무인 자율주행자동차가 더 큰 주목을 받았다. 포드자동차는 2020년까지 자율주행자동차 13종을 출시하겠다는 계획을 발표하였고, 기아자동차는 2030년까지 완전 자율주행자동차 시대를 열겠다고 선언했다.

멀게만 느껴졌던 자율주행자동차가 현실에 가까워지고 있다. 미국 도로교통안전국(NHTSA)에서는 "자율주행자동차의 AI도 운전자로 볼 수 있다."는 전향적인 유권해석을 내리기도 했다. 어찌 보면 조그만 변화일 수도 있지만, 운전은 반드시 사람이 하는 것이라는 관점에서 만들어진 현재의 법규 때문에 자율주행자동차의 개발과 상용화에 어려움을 겪고 있는 업계 입장에서는 의미 있는 진전이라고 할 수 있다. 한국에서도 2016년 2월 12일부터 개정된 자동차관리법이 시행되어 일정 조건을 갖추면 자율주행자동차가 일반 도로를 달릴 수 있게 되었다. 이와 같이 자율주행자동차가 우리 도로 위를 달릴 수 있는 여건이 점차 갖춰지고 있다.

🔵 구글과 벤츠의 자율주행자동차 시제품

한편으로 드론에 대한 관심도 커지고 있다. 방송에서 드론이 촬영한 영상을 보는 것은 흔한 일이 됐다. 미국의 전자상거래 업체인 아마존은 드론을 이용해서 물품을 배송하는 서비스의 시제품인 '프라임 에어(Prime Air)'를 2015년 11월에 발표하였다. 아마존이 드론을 이용해서 제품 배송을 하겠다고 발표한 것은 2013년인데 2년 만에 시제품을 내놓은 것이다. 한번에 15마일(약 24km)을 비행할 수 있으며 400피트(약 122m) 높이로 날 수 있다. 최고 속도는 시속 55마일(약 88km)이다. 소형 택배화물을 기체 내부에 실을 수 있도록 설계됐다. 자동 회피 센서를 장착해 공중에서 새와 충돌하는 것도 피할 수 있다. 아마존은 프라임 에어를 통해 무게 5파운드(2.23kg)의 물건을 30분 이내에 배달하겠다는 목표를 세워놓고 있다.

◗ 아마존의 무인배송 드론, 프라임 에어

자율주행자동차가
세상을 바꾼다

자율주행자동차가 실현되면 공상과학 영화에서 나왔던 많은 일들이 현실이 될 수 있다. 예를 들어, 출퇴근할 때 운전은 차에게 맡겨 놓고 업무를 보거나 다른 일을 할 수도 있다. 게다가 목적지에 도착하면 자동차 스스로 주차장의 빈자리를 찾아서 주차를 하게 할 수도 있다. 반대로 자동차가 주차장에서 스스로 나와서 건물 앞에서 대기하도록 하는 것도 가능하다.

자율주행자동차는 다양한 센서를 통해 사고를 예방할 수 있기 때문에 자동차 사고에 따른 경제적, 사회적 비용을 줄일 수 있는 것은 물론, 에너지 절약도 가능하다. 이것이 가능한 것은 센서를 통해 자율주행자동차끼리 운행 간격과 속도를 조절할 수 있기 때문이다. 덕분에 공기저

PART 7 이미 현실이 되고 있는 자율주행자동차와 드론

항도 줄고 가속과 감속 횟수가 줄어서 연비가 훨씬 좋아지게 된다.

자율주행자동차가 일반화되면 어떤 영향이 있을까? 가장 큰 영향을 받을 것으로 예상되는 부분에 대해 설명하기로 한다.

자동차 산업

가장 먼저 자동차 산업에서 지각 변동이 있을 것이다. 내연기관보다는 전기자동차의 형태가 소프트웨어로 컨트롤하기 좋기 때문에 자율주행자동차는 대부분 전기 자동차일 것으로 예상된다. 그래서 현재 내연기관 위주의 자동차 산업이 전기차 위주로 크게 변화할 것이다.

현재 애플이나 구글은 스마트폰 운영체제인 iOS나 안드로이드를 통해 스마트폰을 플랫폼으로 삼아 다양한 비즈니스를 하고 있다. 마찬가지로 자율주행자동차의 통제시스템은 자동차를 플랫폼처럼 활용해서 다양한 비즈니스를 가능하게 할 것으로 예상된다. 스마트폰의 양대 회사인 애플과 구글이 자율주행자동차에도 큰 투자를 하고 있는 것이 결코 우연은 아니다.

최근에 미국의 우버도 대학교와 협력해서 자율주행자동차를 개발하고 시험주행을 실시한다고 발표하였다.[*] 우버는 이미 세계적으로 수많

---

[*] 강인효, 추다솜, "우버, 美 피츠버그서 곧 자율주행자동차 테스트 시작…구글에 도전장 내민다," 조선비즈, 2016년 5월 20일.

은 고객을 확보하고 있기 때문에 자율주행자동차를 성공적으로 개발해서 상용화한다면 구글이나 애플과는 다른 측면에서 강점을 가질 것이다. 구글이나 애플은 자율주행자동차를 개발하지만 어떻게 상용화할지에 대해서는 아직 뚜렷한 그림이 없다. 그러나 우버는 사용자가 차를 필요로 할 때 운전자가 없는 자율주행자동차를 제공함으로써 자신들이 수행하고 있는 비즈니스의 비용을 절감할 수 있는(운전자에게 지불하는 수수료를 줄일 수 있다는) 장점을 갖게 된다.

물류

자율주행자동차는 배송 서비스와 같은 물류분야에도 큰 영향을 미칠 것이다. 현재 택배와 같은 배송 서비스를 자율주행자동차가 많은 부분 대체하리라 생각한다. 택배 물품 중 긴급 배송이 필요한 작은 박스는 드론이 맡고, 크기가 큰 박스는 인공지능이 장착된 자율주행자동차가 맡는 것을 예상해 볼 수 있다.

실제로 구글은 2016년에 무인 배송트럭에 대한 특허를 공개하였다.* 이 특허에 따르면, 무인 배송트럭은 사물함과 비슷한 보관함을 여러 개 쌓아놓은 형태이다. 소비자는 무인 배송트럭이 집 앞으로 오면 자신의 스마트폰이나 미리 받아 놓은 인증코드를 트럭에 입력해 본인의 물품이

---

* "구글, 택배기사 일자리마저..무인배송 트럭 특허," 전자신문, 2016년 2월 10일.

들어있는 보관함을 열고 물건을 받을 수 있다. 이때 물품대금을 신용카드로 지불할 수도 있다. 즉, 착불 방법도 가능한 것이다.

보험 등의 관련 산업

자율주행자동차는 사람이 운전하는 자동차보다 사고가 훨씬 적을 것이다. 물론 아직은 기술적인 완성도가 떨어져서 사람이 운전하는 것보다 안전하다는 데 회의적인 시각도 있다. 그렇지만 기술이 완성단계에 접어들면 사람이 운전하는 것보다 안전하리라는 것은 자명한 사실이다.

자율주행자동차가 일반화되면 사고가 줄어서 자동차 보험 산업이 크게 축소될 수도 있다. 물론 아무리 자율주행자동차가 일반화된다 하더라도 여전히 즐거움을 위해서 운전을 직접 하고 싶어 하는 사람은 있을 것이고, 이들을 위한 보험은 존재할 것이다. 하지만 이런 사람들은 엄청나게 비싼 보험료를 부담해야 할 것이다. 혹은 경주용 자동차 써킷처럼 정해진 장소에서만 운전이 가능할 수도 있다. 테슬라(Tesla) 창업자인 엘론 머스크(Elon Musk)는 "내 아들 세대에서는 사람이 자동차 운전을 하는 것이 법으로 금지될 것이다."라는 다소 과격한 예상을 하기도 했다.

자율주행자동차
기술

구글이나 애플과 같은 IT회사가 자율주행자동차를 개발하는 것이 의아할 수도 있는데, 자율주행자동차에 필요한 기술을 떠올려 보면 이해가 될 것이다.

공상과학 영화에서 나오듯이 오래 전부터 자율주행자동차는 인류의 꿈이었다. 실제로 과거에도 자동차에 센서를 달아서 장애물을 피하고, 지도정보를 넣어서 스스로 길을 찾아갈 수 있는 자동차를 개발하려고 했지만 실패했다. 센서로 가까운 장애물은 피할 수 있었지만, 스스로 길을 찾아갈 수는 없었다. 지도정보가 정확하지 않아 자동차가 자기가 어디에 있는지 몰라 오작동하는 경우가 많았기 대문이다. 이처럼 정확한 지도정보는 자율주행자동차에서 매우 중요하다.

자동차는 움직이는 거리나 방향을 조금만 다르게 인식해도 자신의 위치를 파악하는 데 어려움을 겪는다. 이러한 어려움을 극복하게 해준 기술이 바로 위성항법장치(GPS)이다. 지금은 자동차 내비게이션이나 스마트폰에 쓰일 정도로 일반적인 기술이 된 GPS는 위성에서 송출하는 신호를 잡아서 현재의 위치를 정확하게 파악하는 기술이다. GPS가 없이 자동차가 자신의 움직인 거리나 방향만으로 현재의 위치를 인식하는 경우, 처음에는 오차가 적더라도 시간이 지날수록 오차가 커지는 문제가 있지만, GPS를 사용하면 자신의 위치를 언제나 정확하게 알 수 있다. 그래서 과거처럼 자동차의 움직임만을 감지해서 현재 위치를 알아내야 하는 부담이 없어져서 자율주행자동차가 비약적으로 발전하게 되었다.

또 한 가지 중요한 기술은 자동차 통제 시스템이다. 자율주행자동차는 다양한 돌발 상황에 대처하고 길을 찾는 등, 높은 수준의 지능이 필요하다. 이 말은 복잡한 소프트웨어가 들어가야 한다는 뜻이다. 소프트웨어에서는 자동차 회사보다 IT회사가 훨씬 강점이 있다. 따라서 자율주행자동차를 위해서는 기계 기술만큼 소프트웨어 기술이 중요하기 때문에 IT 회사들이 자동차 회사와 경쟁할 수 있는 것이다.

드론은
어떻게 활용될 것인가

■

■

■

과거에는 드론을 주로 군사용으로 사용하였다. 대 테러 전쟁에서 활약상이 자주 보도되는 미군의 프레데터와 같은 것이 대표적이다. 군사용 드론은 높은 신뢰성과 내구성, 그리고 긴 체공시간이 필요하기 때문에 크기가 크고 가격도 매우 비싸다. 이에 비해 최근에 각광 받는 소형 민간용 드론은 상대적으로 가격이 저렴하다. 전문 방송용 드론은 수천만 원까지 가격이 올라가지만, 그 이외에는 최저 몇 십만 원 정도의 가격으로 카메라를 장착해서 항공영상을 얻을 수 있다. 이밖에도 드론의 활용분야는 매우 다양하다. 몇 가지 잠재력이 큰 분야는 다음과 같다.

PART 7 이미 현실이 되고 있는 자율주행자동차와 드론

위에서 예로 든 아마존뿐 아니라 구글과 월마트 등, 많은 기업이 드론을 활용한 배송 서비스를 실험하고 있다. 드론을 활용한 배송의 가장 큰 장점은 속도와 비용이다. 드론은 공중으로 배송하기 때문에 교통상황에 영향을 받지 않고, 여러 목적지를 순차적으로 돌지 않기 때문에 물류창고에서 몇 km의 범위는 십 분 내에 배송이 가능하다.

드론을 활용한 배송 서비스는 지역별 물류센터에서 수십~수백 대의 드론이 각 목적지별로 물품을 배송하는 형태가 될 것이다. 목적지 정보는 시스템에서 드론으로 자동 전송되고 드론은 GPS는 물론 카메라와 각종 센서, 그리고 이를 통해 수집된 정보를 바탕으로 배송을 할 것이다. 이렇게 되면, 새와의 충돌 위험 등 갑작스런 응급상황에서도 잘 대응할 수 있을 것이다. 그리고 충전이 필요한 드론은 물류센터에 설치된 충전소에 자동으로 찾아가서 충전을 할 것이다.

물론 모든 배송을 드론이 할 수는 없다. 부피가 크거나 무게가 무거운 것은 드론이 배송할 수 없기 때문이다. 그러나 긴급배송이 필요한 작은 박스는 드론으로 충분히 배송할 수 있다. 1~2시 시간 내에 배송해야 하는 긴급주문을 육상으로 사람이 배송하는 경우보다 드론으로 배송하는 것이 시간뿐만 아니라 비용 상으로도 이점이 있다.

　우리가 알고 있는 일반적인 드론은 배터리로 작동되고 사람이 무선으로 조정해서 한 번에 20~30분 정도 비행할 수 있는 기계이다. 그런데 태양에너지로 몇 년 동안 공중에 머물 수 있는 드론이 개발된다면 어떨까? 실제로 구글과 페이스북은 이런 드론을 개발해서 인터넷 서비스 제공에 활용할 계획을 세우고 있다.[*]

　구글의 드론은 50미터에 달하는 태양광 패널 날개를 가지고 있고 이륙하면 최대 5년까지 착륙하지 않고 2만 미터 상공에서 비행이 가능하다. 구글은 이런 드론을 개발한 타이탄 에어로스페이스(Titan Aerospace)를 1조원 가까운 돈을 들여 2014년에 인수했다. 구글은 이 드론에 무선 인터넷 중계기를 탑재해서 인터넷 사용이 어려운 오지에 무료 인터넷을 공급할 계획이다.

　페이스북은 타이탄 에어로스페이스와 유사한 기술을 가진 영국의 드론 기업인 어센타(Ascenta)를 인수하였다. 페이스북은 어센타가 개발한 태양광 드론인 아퀼라(Aquila)의 시험비행을 2015년 3월에 실시하였다. 페이스북은 아퀼라를 향후 수년 간 1,000대 정도 배치하면 전 세계에 무선인터넷을 무료로 제공할 수 있다고 주장하고 있다.

　아퀼라는 보잉 737 정도의 날개 크기를 가지고 있으며 이륙 후 2만 미터 상공에서 태양광발전을 통해 3개월 정도 인터넷 접속 서비스를 제

---

[*] Power Review, KISA Report, 한국인터넷 진흥원, 2015년 5월.

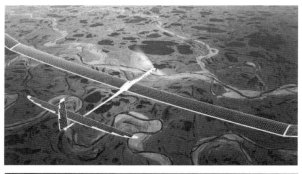

○ 구글의 타이탄 프로젝트와 페이스북의 아퀼라

공할 수 있다고 한다.

상상해 보라. 전 세계 어디에 있든지 초고속 WiFi 서비스를 무료로 받을 수 있다면* 이것은 우리 생활에 큰 변화를 가져올 것이다. 특히 인터넷 접속이 쉽지 않은 저개발 국가의 IT활용을 촉진시키고 비행기 안에서의 인터넷 서비스 등, 새로운 서비스 개발도 가능할 것이다.

---

* 구글과 페이스북이 많은 돈을 들여서 전 세계에 무료 인터넷을 제공하려는 이유는 뒷부분에서 따로 설명하기로 한다.

일본은 이미 20여 년 전부터 농업에 무인 헬리콥터를 활용하는 등 드론을 일찍부터 활용하고 있다. 드론을 농업에 가장 잘 활용할 수 있는 분야는 특수카메라를 통한 병충해 감지와 예방, 파종, 농약살포 등이다. 드론에 자외선, 적외선을 포함한 다양한 파장의 영상을 찍을 수 있는 멀티스펙트럼(multi-spectrum) 카메라를 장착하면 농경지의 병충해를 감지할 수 있다. 이것은 물론 미국과 같이 농경지가 넓은 경우에 더 효과적이다. 드론에 파종장치를 설치하면 넓은 지역에 파종을 할 수 있고, 농약살포장치를 달면 농약살포에도 사용할 수 있다.

자율주행자동차와 드론은
비즈니스 플랫폼이 될 것이다

■

■

■

새로운 형태의 비즈니스 플랫폼

자율주행자동차와 드론은 분명 우리의 생활을 편리하게 해 줄 것이다. 그런데 비즈니스 측면에서 보면 편리함 이상의 엄청난 변화가 있을 것으로 예상해 볼 수 있다.

자율주행자동차와 드론은 새로운 형태의 비즈니스 플랫폼(platform)이 될 가능성이 많다. 플랫폼이란 부가서비스가 추가될 수 있는 일종의 기반 시스템이라고 할 수 있다˙. 자율주행자동차나 드론이 충분히 보급되면 이들을 발판으로 다양한 부가서비스가 가능할 것이라는 뜻이다. 자

---

* 김기찬, 송창석, 임일, "플랫폼의 눈으로 세상을 보라" 성안당, 2015년 3월.

율주행자동차나 드론이 직접 제공하는 운송 서비스도 중요하지만, 이들이 플랫폼으로 작동할 경우 이들 부가서비스의 영향력은 더 크다고 할 수 있다.

자율주행자동차의 경우를 생각해 보자. 자율주행자동차를 타고 사람들이 이동을 하면서 무엇을 할까? 책을 읽을 수도 있겠지만, 아마도 다양한 형태의 정보를 화면이나 소리의 형태로 접할 것이다. 따라서 이를 활용한 광고나 다양한 비즈니스가 가능할 것이다. 특히 자율주행자동차는 사람들이 실제로 타고 움직이는 것이기 때문에 위치에 기반한 다양한 오프라인 비즈니스도 가능할 것이다. 예를 들어, 개개인의 이동 패턴을 분석할 수 있다면 어떨까?

"주말에 30대 직장인들이 강남에서 가장 많이 가는 식당은 XX이다." 혹은 "부산의 40대 주부들이 오전에 쇼핑을 가장 많이 하는 점포는 ○○이다."와 같은 식의 분석이 가능할 것이다. 기업들은 이런 분석결과를 얻고 싶어 할 뿐 아니라 특정 시점에 특정 그룹의 고객에게 자신의 제품이나 서비스를 홍보하는 맞춤형 서비스를 원할 것이다.

소비자의 입장에서 볼 때에도 이런 맞춤형 서비스가 정확하고 편리하다면 이를 더 잘 제공하는 자율주행자동차를 선택하려고 할 것이다. 그렇게 되면 사람들이 자동차를 선택하는 기준은 자동차 하드웨어를 만드는 벤츠, BMW, 현대라는 브랜드보다 그 안에 있는 통제시스템 브랜드인 애플, 구글이 될 수도 있다. 현재의 스마트폰을 생각하면 이해가 쉬울 것이다. 자동차라는 하드웨어는 호환되는 어떤 것을 사용해도 상관없지만 (아마도 브랜드와 관계없이 가격대비 성능이 가장 좋은 것을 선택할 가능성이 높다) 안에서 돌아가는 통제시스템은 신중히 생각해서 결정할 것이다.

구글이나 페이스북이 제공할 계획을 갖고 있는 인터넷 서비스의 경우 어떤 플랫폼 비즈니스가 가능할지 생각해 보자. 만일 태양광 드론을 수 천대 띄워서 전 세계에 무료 인터넷을 제공하게 된다면 전 세계 사람들의 인터넷 사용의 길목을 장악해서 엄청난 비즈니스 기회를 얻을 수 있을 것이다. 구글이 지금과 같은 거대 기업으로 성장할 수 있었던 것은 검색엔진으로 사람들의 인터넷 정보검색의 길목을 지키면서 광고를 제공했기 때문이다. 드론을 통한 무료 WiFi를 사용하는 대신 특정 검색엔진을 사용하도록 한다면 비슷한 비즈니스를 할 수 있을 것이다. 그리고 검색엔진을 통한 광고뿐 아니라 지역별, 시간별로 사람들이 검색하고 소비하는 정보가 어떤 것인지에 대한 정보를 분석하면 기업이 원하는 시장의 고객층별 시장조사를 대신할 수 있을 것이므로 이것도 비즈니스가 될 수 있다. 이런 비즈니스 기회는 물론 인터넷 서비스를 위한 드론을 띄우고 운영하는데 들어가는 비용을 상쇄하고도 남을 것이다.

실시간으로 세계의 영상을 제공할 것이다

이와 같은 온라인 비즈니스는 많은 사람들이 예상하고 있지만 오프라인 비즈니스 기회를 예상하는 사람은 많지 않다. 현재 제공되는 구글어스(Google Earth)와 같은 서비스는 각 지역의 인공위성 사진을 볼 수 있지만 실시간이 아니라는 단점이 있다. 만일 이와 비슷한 영상이 실시간으로 제공된다면 어떨까? 예를 들어 부동산 거래측면에서 각 매장에 드나드는 차를 실시간으로 세어볼 수 있다면 각 점포의 매출을 대략 추정할 수 있어서 부동산 가격 추정을 정확히 할 수 있을 것이다. 만약 지역별 농경지의 작황을 실시간으로 모니터링 할 수 있다면 곡물 가격을 정확히 예측할 수 있을 것이다. 또한 도로의 실시간 교통상황을 전체적으로 파악해서 현재 막히는 길 뿐 아니라 30분 후, 혹은 1시간 후에 막힐 곳을 정확히 예측할 수 있다면 교통흐름의 효율이 훨씬 개선될 것이다.

물리성이 강한 분야

지금까지 자율주행자동차나 드론의 긍정적인 영향을 주로 얘기하였는데, 가상성/물리성의 시각에서도 생각해 보자. 자율주행자동차나 드론은 물리성이 강한 제품이다. 아무리 ICT가 결합된다 하더라도 사람이나 물건을 이동시키는 것이 이들의 주요 가치이기 때문이다. 또한 자율주행자동차나 드론을 만들기 위해서는 물리적인 부품과 재료가 들어가기 때문이 아무리 대량 생산을 한다 하더라도 가격을 크게 낮추기는 어렵다. 따라서 기술이 아무리 발전한다 하더라도 성능을 지금의 몇 백 배, 몇 천 배 향상시킬 수는 없다. 즉, 일반적인 드론의 경우에 현재 30분인 비행시간을 짧은 기간 안에 3시간이나 30시간으로 늘릴 수는 없다는 것이다. 그러므로 자율주행자동차나 드론의 경우는 보급이나 적용 분야의 확장이 예상보다 훨씬 느릴 수 있다.

자율주행자동차의 경우는 어차피 사람들이 이용하는 자동차를 대체하는 것이므로 시장성이 매우 크다고 볼 수 있다. 그렇지만 어떤 날을 기준으로 새로 생산되는 모든 자동차가 갑자기 자율주행자동차로 바뀌지는 않을 것이다. 그렇기 때문에 자율주행자동차의 시제품은 몇 년 안에 나오겠지만 운행되는 차의 대다수가 자율차로 바뀌기까지는 상당한 시간이 걸릴 것이다. 게다가 모든 도로가 자율주행자동차에 적합하도록 바뀌어야 보급이 촉진되는데, 이 또한 시간이 걸릴 것이다.

드론의 경우도 물리성이 강해서 현재의 가격이나 성능이 크게 향상되지 않을 것이다. 따라서 제한된 분야에서, 예를 들면 가까운 지역의 긴급한 소형 화물 배송 등에 사용될 가능성이 많다. 그렇지만 무료 Wifi를 위한 드론은 성격이 좀 다르다. 비용이 얼마가 들든지 일단 설치가 되어서 전 세계에 무료 인터넷 서비스를 제공할 수 있게 되면, 드론이 제공하는 서비스는 가상성이 높아진다. 즉, 무료 Wifi 드론으로부터 얻는 정보를 활용해서 다양한 부가서비스가 가능할 것이기 때문에 지금의 검색엔진처럼 매우 큰 전략적 가치를 가질 가능성이 높다. 많은 비용이 들어도 실행할 가치가 크다는 의미이다.

PART 7 이미 현실이 되고 있는 자율주행자동차와 드론

3D 프린터와
차세대 에너지

3D프린터는 입체적인 물건을 프린트 하듯이 찍어내는 기계를 말한다. 우리가 쓰는 보통의 프린터는 잉크를 정해진 글자나 이미지 형태대로 종이 위에 뿌려서 문서를 인쇄하는데 비해서 3D프린터는 잉크대신에 플라스틱이나 금속과 같은 실제 물질을 가루나 액체 형태로 뿌려서 입체적인 물건을 만들어 낸다. 예전에 TV에서 방영했던 한 만화영화에서 어떤 물건이든 순식간에 만들어 내는 주인공이 있었는데, 3D프린터는 그것을 어느 정도 실현한 기술이라고 할 수 있다.

미래의 생활을 크게 바꿀 또 하나의 기술은 에너지 관련 기술이다. 현재 화석연료에 의존하는 에너지 기술은 환경문제 등으로 인해서 한계에 다다랐다. 그래서 이를 대체할 새로운 기술들이 등장하고 있다.

3D프린터,
세상을 출력하다

∎
∎
∎

　최근에 3D프린터를 활용한 재미있는 사례가 있다. 2014년에 국제
우주정거장(ISS)에서 지구에서 보내 준 설계도를 사용해 3D프린터로 공
구를 만드는 데 성공한 것이다. 미래에 화성탐사와 같은 장거리 우주여
행에서는 3D프린터와 원료만 가지고 다니며 필요한 부품이나 공구를
그때그때 직접 만들어 사용하는 것이 더 효과적이기 때문에 이 실험은
의미가 크다. 이와 같이 3D프린터는 실험 단계에서 벗어나 실제 우리
생활에 한결 가까이 와 있다.

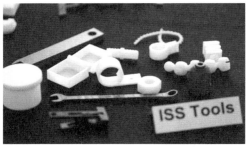

○ 우주정거장 ISS에 설치된 3D프린터와 이를 사용해서 만든 공구와 부품

    3D프린터에 관심을 갖고 많은 개발비를 투자하는 회사 중에 의외의 회사가 있는데, 바로 애플이다. * 애플은 2000년대 후반부터 리퀴드 메탈(Liquid metal)과 관련한 특허를 다수 등록하였다. 리퀴드 메탈은 철보다 가볍고 강도는 3배 이상이면서 부식도 되지 않는 금속물질이다. 무엇보다도 고체와 액체 상태로의 전환을 기존의 금속보다 수월하게 할 수 있기 때문에 3D프린터에서 활용할 수 있는 범위가 매우 넓다. 현재 금속을 사용하는 3D프린터는 가루상태의 금속을 수 천도의 고온으로

---

* 애플의 리퀴드 메탈에 대한 내용은 차원용, "특허로 살펴보는 Apple의 Liquid Metal과 3D 프린팅," 디지에코 보고서, 2015년 9월 24일에서 발췌, 요약하였음.

녹여서 성형을 하는 방식이 주를 이루는데, 만일 액체 상태의 금속을 저온에서 노즐로 뿌려서 성형하고 고체로 바꿀 수 있다면 3D프린터가 한 단계 진보할 수 있을 것이다.

애플이 3D프린터에 투자하고 있는 이유는 단기적 이유와 장기적 이유로 나눠 볼 수 있다. 단기적으로는 스마트폰에 사용되는 수 백 개의 부품을 3D프린터를 사용해서 부품의 숫자를 줄이고 더 견고한 스마트폰을 생산하려는 의도라고 볼 수 있다. 장기적으로는 리퀴드 메탈과 같은 신물질이 가지고 있는 시장 잠재력이 어마어마하기 때문에 투자를 하고 있는 것일 것이다.

3D프린터의 성공적인 활용 사례

최근에는 3D프린터를 사용해서 세계 최초로 자동차를 만든 Lo-cal Motors라는 회사도 있다.[*] 스트라티(Strati)라는 자동차는 2014년 IMTS(International Manufacturing Technology Show)에서 발표되었는데, 대부분의 부품을 3D프린터로 제작하였다. 부품의 제조와 조립까지 불과 44시간 밖에 걸리지 않았는데, 이것은 총 부품 수가 49개에 불과했기 때문이다. 그만큼 3D프린터는 복잡한 부품을 만들어 낼 수 있다는 의미이기도 하다. 대부분의 부품은 3D프린터로 만들었지만 배터리와 모터,

---

[*] 윤태희, "3D 프린트, 이젠 스포츠카까지 만든다," 서울신문, 2014년 12월 28일.

서스펜션 등은 기존의 부품을 사용하였다고 한다. 부품의 소재는 탄소 섬유로 강화된 ABS 수지이다.

○ 3D프린터로 만들어진 자동차 Strati (출처 Mashable Asia)

3D프린터로 만든 자동차가 실용화되려면 시간이 상당히 걸리겠지만 지금 당장 산업에 영향을 미치는 분야도 있다. 예를 들어, 항공기 부품과 같이 복잡한 부품은 현재의 주조와 절삭 혹은 단조의 방식으로는 깎여서 버려지는 재료도 많고 복잡한 모양을 만드는데 한계가 있다. 만일 3D프린터로 복잡한 모양을 정확히 만들어 필요 없는 부분을 완벽히 없앤 부품을 제조할 수 있다면 재료비 절감은 물론 항공기 무게 감소에 큰 도움을 받을 수 있을 것이다. 실제로 3D프린터로 항공기 부품을 제작하는 경우 깎아서 버리는 재료를 30분의 1로 줄일 수 있다고 한다.[*]

* 미래창조과학부, "3D프린팅 산업 발전전략," 2014.

3D프린터가 경영에 미치는 영향

3D프린터가 경영에는 어떤 영향을 미칠까? 3D프린터가 일반화 되면 복잡한 물건의 가공도 집에서 손쉽게 할 수 있기 때문에 개인이 아이디어를 실현하기가 훨씬 쉬워질 것으로 예상된다. 지금은 신제품에 대한 좋은 아이디어가 있어도 개인이 이것을 실현하려면 도면 제작, 금형 제작, 공장 임대 등을 혼자 해야 하기 때문에 어려움이 많다. 그러나 3D프린터를 이용하게 되면 정확한 도면만 컴퓨터로 작성한 후, 바로 3D프린터로 생산을 해서 아이디어를 확인해 볼 수 있다.

3D프린터 기술이 발전하고 가격이 내려가면 가장 먼저 영향을 받는 분야는 제조업이 될 것이다. 만일, 3D프린터의 가격이 싸져서 다양한 재료를 가공할 수 있는 3D프린터가 각 가정마다 한 대씩 있다면 어떻게 될까? 제품의 설계도와 이것을 사용해서 3D프린터로 제품을 만들 수 있는 권리를 사는 소비 형태로 바뀔 수도 있을 것이다. 예를 들어, 스마트폰 케이스가 필요하면 마음에 드는 스마트폰 케이스 디자인을 고르고 이것을 3D프린터로 만들 수 있는 제조권리를 구입해서 각자의 집에 있는 3D프린터에 제조도면을 넣어 스마트폰 케이스를 만들어 쓰는 형태가 될 수도 있다.* 이것이 의미하는 바는 바로 제조공장이 각 가정으로 이동한다는 것이다. 기업은 제품의 개발만 하고 제조는 소비자가 집

---

* 이때 몇 개를 만들 수 있는 권리를 구입하느냐에 따라 가격을 어떻게 할지 등의 이슈가 생길 수 있다.

에서 하는 것이다. 또한 제품의 디자인만 개발해서 판매하는 소규모 기업 혹은 개인이 등장할 수도 있다.

전통적인 경영에서 제품의 다양화보다는 표준제품을 대량생산한 이유는, 다양한 제품을 공장에서 생산하려면 비용이 많이 들어가기 때문이었다. 3D프린터를 사용한 자가제조가 일반화 되면 다양한 제품의 생산이 가능해진다. 극단적인 경우, 개개인에게 맞춤형 제품을 제공하는 개인화 제조가 실현될 수도 있을 것이다.

물론 이런 변화가 모든 산업에 걸쳐 단기간에 이루어지지는 않을 것이다. 3D프린터로 제조하기 너무 복잡한 제품의 경우에는 아주 오랜 시간이 걸리거나 영원히 그런 변화가 오지 않을 수도 있다. 그렇지만 3D프린터를 사용한 제조가 적합한 분야부터 점점 현실화가 되면 제품의 일부, 예를 들어 A/S용 부품 등은 자가 제조 형태로 바뀔 가능성이 있다.

3D프린터
기술

    3D프린터를 가능케 하려면 우선, 플라스틱이든 금속이든 우리가 원하는 형태로 모양을 만들 수 있어야 하고, 만들어진 모양이 굳어져서 실제 물건이 되도록 하는 기술이 있어야 하다.

    가장 초기의 기술은 플라스틱을 가루형태나 열을 가해 녹인 액체 형태로 분사하여 정해진 모양에 따라 한층 씩 쌓아가면서 굳어지도록 하는 것이었다. 잉크젯 프린터가 잉크를 정해진 모양에 따라 뿌려서 그림을 그리듯이 플라스틱 가루나 액체를 정해진 모양에 따라 뿌려서 모양을 만드는 것이다. 차이가 있다면 3D프린터는 이것을 한 번만 하는 것이 아니고 처음 만들어진 모양 위에 그 다음 층을 만들고, 또 그 위에 층을 만드는 식으로 수많은 얇은 층(각 층의 두께는 약 0.01-0.1mm)을 겹쳐서 3D 모양을 만들 수 있다는 것이다. 이후로 특수한 금속 가루를 한 층씩 쌓아가면서 물건을 만드는 기술이 개발되어 금속으로 된 물건도 만들 수 있는 3D프린터가 등장하게 되었다.

    최근에는 특수 레이저에 반응하는 액체 형태의 원료를 원하는 형태대로 레이저를 쏘여서 그 부분만 굳게 함으로써 모양을 만드는 기술도 개발되었다. 계속되는 기술 개발로 현재에는 플라스틱, 금속뿐 아니라 세라믹, 유기물질, 종이, 탄소섬유 등도 3D프린터에서 사용이 가능하게 되었다.

한 가지 흥미 있는 것은 세라믹과 같은 무기질뿐 아니라 단백질이나 지방과 같은 유기질을 프린트 하는 소위 바이오 프린팅 기술도 개발되고 있다는 것이다. 실제로 미국의 Modern Meadow라는 회사는 인조고기를 프린트하는 기술을 소개하였고, 아시아 최고의 부자인 리카칭이 여기에 투자를 한다고 해서 화제가 되기도 하였다.[*] 이런 기술을 활용하면 근육과 같은 생체 조직을 만들어내는 3D프린터도 가능하다. 얼마 전에 포스텍과 서울 성모병원에서는 선천적으로 코와 콧구멍이 없던 몽골 소년에게 3D프린터로 제작한 인공 코와 콧구멍을 이식하는 수술을 하기도 했다.[**] 또한 골절환자의 뼈를 정밀하게 스캔한 후에 뼈를 고정하는 철심을 환자의 뼈와 정확히 맞도록 3D프린터로 제작해서 시술함으로써 수술의 정확도도 높이고 부작용을 최소화하는 방법도 사용되고 있다.

이외에도 플라스틱이나 금속 대신에 단백질을 성형하는 프린터를 사용하면 인공장기를 정교하게 만들 수 있을 것이다. 만일 생명공학이 발전해서 인체의 단백질 배열을 정확히 이해하고, 3D프린터 기술이 분자단위로 정교해진다면, 인공장기가 아니라 실제 장기를 3D프린터로 만들 수 있는 날이 올 수도 있다. 아니면 특정 장기에 해당하는

---

[*] 배상희, 아주경제, 2014년 6월 25일자.
[**] 이강봉, "3D프린터 혁명? 인공장기 시대 도래," The Science Times, 2014년 2월 21일.

DNA를 인쇄해서 장기를 배양하는 기술도 생각해 볼 수 있을 것이다.

차세대 에너지는
어떻게 세상을 바꿀 것인가

■

■

■

　보통 차세대 에너지라고 하면 태양열이나 풍력발전기, 혹은 자동차 연료를 대체할 수소전지차나 전기차를 떠올릴 것이다. 이들이 차세대 에너지 기술을 대표하는 것은 맞다. 그런데 최근에 전기 자동차를 만드는 Tesla라는 회사에서 대형 배터리 프로젝트를 발표하였다.[*] 필요한 전기를 대형 배터리에 충전해 놓고 사용한다는 계획인데, 파워월(Powerwall)이라고 불리는 가정용 배터리와 파워팩(Powerpack)이라고 불리는 기업용 배터리가 그것이다. 파워월은 용량에 따라서 $3,000 ~ $3,500의 가격을 책정했다. 풍력 발전기나 태양열 발전기를 이용하거나 가정용 전기 값이 싼 시간에 충전해 놓고 여름철 낮 시간과 같이 전기 값이 비싼 시간에

---

* 조선일보, 2015년 5월 1일자.

꺼내서 쓰면 전기 값을 아낄 수 있다고 한다. 전기의 완전 자급은 아니지만 전기 에너지 사용을 획기적으로 줄일 수 있는 혁신적인 기술이 될 것이다. 게다가 인터넷과 연결되기 때문에 파워월끼리 통신을 해서 필요한 전기를 주고받는 스마트 그리드(Smart Grid)를 구성할 수도 있다. 이는 각 가정의 전기 사용에 독립성을 부여하기 때문에 우리가 알고 있는 발전소, 변전소, 변압기 등의 개념을 송두리째 바꾸는 기술이 될 것이다. 이외에도 미래의 에너지 사용 방식을 바꿀 많은 기술이 개발되고 있다.

차세대 에너지라고 하면 우리가 현재 주요 에너지원으로 사용하는 석탄, 석유, 원자력 등을 대체할 수 있는 에너지원을 말한다. 대표적인 것이 태양력 발전, 풍력 발전 등이다. 이들 에너지는 가격이 비싸지만 지구온난화가 큰 문제가 되면서 점차 보급이 늘어나고 있다. 발전에서 차세대 에너지원으로 큰 기대를 모으고 있는 것이 핵융합 발전인데, 기술적으로 어려운 문제가 많아서 언제 실용화 될지 알 수가 없다.

자동차 산업에서는 액체수소를 사용해서 발전을 하고 이것으로 전기모터를 돌려서 자동차를 움직이는 수소연료전지 자동차가 실용화 단계에 접어들었다.

태양열이나 풍력발전의 단점은 발전의 양이 일정하지 않다는 점이다. 태양열은 태양이 떠야, 풍력발전은 바람이 불어야 발전을 할 수 있기 때문이다. 이런 점을 보완하기 위해서 축전지를 사용하지만 용량이 작기 때문에 한계가 있다. 그래서 현재는 이들 에너지원은 보조적인 형태로 사용하는 것이 일반적이다. 이러한 특성 때문에 이들 차세대 에너지원의 사용에서 중요한 것은 필요한 발전량에 따라서 전기의 양을 효과적으로 배분해 주는 것이다. 예를 들어, 전체 배전망 중에서 A 소비자가 태양열과 풍력으로 필요 이상의 발전을 하고 있고, B소비자는 전기를 많이 사용하고 있다면 A의 전기를 B에게 넘겨주는 일을 하는 것이다. 물론 전기 사용에 대한 대가를 A에게 지불해야 할 것이다. 이런 똑똑한 배전망을 스마트 그리드(Smart Grid)라고 한다.

앞서 설명한 Tesla의 가정용 축전지 프로젝트는 스마트 그리드의 대안 혹은 보완 수단이 될 수 있다. 각 가정에서 충분한 용량의 축전지를 보유한다면 각 가정이 전기를 독립적으로 사용할 수 있기 때문에 스마트 그리드를 대체할 수도 있고 아니면 스마트 그리드의 실현을 쉽게 해줄 수도 있다. 이와 같이 에너지를 만들어내는 기술뿐 아니라 만들어진 에너지를 효과적으로 사용하는 기술도 넓은 의미에서 차세대 에너지 기술에 포함된다고 할 수 있다

차세대 에너지가 경영에 미치는 영향

이러한 대체 에너지 기술이 기업에 미치는 영향은 다양하다. 자동차나 발전과 같이 대체 에너지 기술에 직접적인 영향을 받는 산업은 기업의 생존과도 직결된다. 그렇지 않은 산업의 경우에도 경영자가 대체 에너지에 관심을 기울여야 할 것이다.

요즘에는 환경에 투자를 많이 하는 기업이 소비자로부터 좋은 평가를 받고 있다. 따라서 대체 에너지원을 많이 사용하는 기업은 환경을 생각하는 기업이라는 긍정적인 이미지를 얻을 수 있다. 기업의 이미지를 위해서가 아니더라도, 에너지에 관심을 기울임으로써 많은 비용을 절감할 수 있다. 예를 들어, 구글은 처리하는 정보의 양이 엄청나기 때문에 그에 비례해서 대규모의 데이터 센터를 운영하고 있다. 데이터 센터에는 수만 대의 컴퓨터가 빼곡히 들어차 있으면서 엄청난 에너지를 소비한다. 컴퓨터 자체가 소비하는 전기도 있지만, 이들이 뿜어내는 열기를 식히기 위한 냉방, 조명을 위한 에너지도 상당하다. 구글은 데이터 센터를 기온이 낮은 지역에 설치해서 냉방비를 줄이고, 솔라패널과 지열 등을 활용해서 에너지 비용을 크게 낮추었다. 마이크로소프트의 경우, 바다 속에 데이터 센터를 건설해서 열을 식힘과 동시에 조류를 이용해서 발전까지 하는 방법을 테스트하고 있다고 한다.* 이처럼 차세대 에너지원을 잘 활용하면 에너지 비용을 획기적으로 절약할 수 있을 것이다.

차세대 에너지원을 사용한 비용절감은 차세대 에너지가 가져올 시장 변화에 비하면 오히려 작은 부분일 수 있다. 예를 들어, 앞서 설명한 가정용 배터리 팩이 보급되면 발전과 전기 판매의 패러다임이 완전히 바뀌게 될 뿐 아니라 가전제품을 사용하는 패턴도 많이 바뀌게 될 것이다. 지금도 시간대 별로 전기요금을 차등화하는 경우가 있기는 하지만, 가정용 배터리 팩이 성공하기 위해서는 심야요금 할인과 같이 시간대별로

* 조선일보, 2016년 2월 5일.

전기 가격을 차별화하는 것이 필수적이다. 그래야 전기가 싼 시간대에 배터리를 충전해서 전기가 비싼 시간대에 사용할 것이기 때문이다. 가정용 배터리 팩이 일반화되면 여름에 심야에 배터리를 충전해서 낮에 에어컨을 켜는데 사용하는 등 전기소비를 시간대 별로 균등하게 사용하는 것이 가능해서 더 효율적인 전기소비가 가능할 것이다. 장기적으로는 각 가정별로 태양열이나 풍력발전기를 이용해서 배터리를 자체적으로 충전하는 것을 예상해 볼 수 있다. 이렇게 되면 앞서 설명한 스마트그리드를 통해서 전기를 실시간으로 배분해 주는 방식이 필요할 것이다.

자동차 산업의 경우 전기자동차가 일반화되면 산업 전체적으로 큰 변화가 예상된다. 앞서 설명한 자율주행자동차의 경우 전기차가 될 가능성이 높기 때문에 자율주행자동차가 많이 보급되면 전기차가 자동차 산업의 주력이 될 것이다. 그렇게 되면 내연기관 관련 기술이 지금처럼 경쟁력에 큰 영향을 미치지 못 할 것이다.

전기자동차가 일반화되면 전기 구동에 관련된 기술이 중요해진다. 앞서 설명한 수소전지 자동차도 결국에는 수소로 전기를 만들어서 모터를 돌리는 형태이기 때문에 전기구동 기술이 필수적이다. 전기구동 기술은 얼마 전부터 본격적으로 개발하기 시작한 기술이며 내연기관과는 매우 다른 기술이기 때문에 독일, 미국, 일본, 한국의 자동차 회사가 선발주자의 이점을 가지고 있다고 보기 어렵다. 테슬라와 같은 일부 회사를 빼고는 모든 회사가 거의 동일선상에서 출발하는 셈이다. 그렇기 때문에 거대한 내수시장과 제조업에서 경쟁력을 가지고 있는 중국회사가 앞서 나갈 가능성도 있다. 실제로 중국은 정부의 강력한 지원을 등에 업고 2015년 전기자동차의 판매가 22만대에 이르는 등 전기차 상용화에 앞장서는 나라이기도 하다.*

차세대 에너지가 현재의 에너지원을 대체하는 것이 하루아침에 이루어지지는 않을 것이다. 에너지원은 앞서 설명한 물리성이 강한 분야이기 때문에 가상성이 강한 분야보다 확산 속도가 훨씬 느리기 때문이다.

어쨌든 에너지원, 특히 수송용 에너지원이 화석원료에서 전기로 이동해서 전기자동차가 일반화 될 것은 쉽게 예상할 수 있다. 전기차는 정보와 더 쉽게 결합되는 특성이 있어서 가상성을 더하기에 용이하다. 자동차에 주행통제 시스템을 탑재해서 자동차의 모든 정보를 수집, 기록하고 분석하는 것은 가상성이 강화되는 것이라고 할 수 있다.

가상성이 강화되면 가상의 세계에서 주로 나타나는 네트워크 효과가 물리성이 강한 자동차에도 어느 정도 나타날 것이다. 자율주행자동차에서 설명한 것과 같이 사람들이 자동차를 선택할 때 자동차 하드웨어뿐만 아니라 주행통제 시스템이 주요한 선택 기준이 될 것이다. 이 경우, 네트워크 효과에 따라서 자동차 하드웨어는 다수의 회사가 생산하더라도 주행통제 시스템은 소수의 회사(표준)가 시장을 주도할 것으로 예상된다. 스마트폰의 운영체제는 한 가지지만 하드웨어는 다양한 회사에서 생산하는 것과 비슷하다고 보면 된다.

---

* 한겨레 신문, "중국, 세계 전기차 시장 '슈퍼파워' 등극," 2016년 1월 10일.

차세대
에너지 기술

  앞서 설명한 에너지원을 구성하는 기술을 간단히 살펴보도록 하겠다. 우선, 태양열은 태양의 빛 에너지를 전기로 변환하는 방식이 일반적이다. 이런 일을 하는 판을 솔라패널(solar panel) 혹은 솔라셀(solar cell)이라고 하는데, 아마 TV 영상으로 혹은 차를 타고 지나가면서 주택 지붕에 설치된 검은색의 커다란 판을 본 적이 있을 것이다. 태양열 발전의 효율, 즉 들어간 빛 에너지 대비 만들어지는 전기 에너지의 비율은 현재 약 30~45% 정도인데 효율을 높이기 위한 다양한 기술이 개발되고 있다.

  풍력발전은 바람의 힘으로 거대한 바람개비를 돌려서 발전을 하는 것이다. 대관령이나 인천공항 근처에 설치된 풍력발전기를 본 적이 있을 것이다. 풍력발전도 발전의 효율을 높이기 위한 다양한 기술이 개발되고 있다

  수소연료전지는 압축 액체 수소를 연료로 한다. 수소와 공기 중의 산소를 결합하면 물이 되는데 이 과정에서 전기가 생긴다. 이 전기를 동력으로 자동차를 움직인다. 학생 때 과학시간에 물에 전기를 통해 수소와 산소를 분리하는 전기분해 실험을 한 적이 있을 텐데, 이것의

반대과정으로 전기를 얻는다고 생각하면 된다.

수소연료전지는 유해가스 배출이 전혀 없이 물만 배출한다는 것이 장점이지만, 가격이 비싸다는 단점이 있다. 현재 일반 자동차의 3배 정도 가격인데, 얼마 전부터 상용화 되면서 정부가 보조금을 지급하고 있다. 그러나 이것을 감안해도 일반 소비자가 구입하기에는 부담스러운 가격이다.

현재 전기차 기술에서 가장 문제가 되는 것이 배터리이다. 배터리가 커야 한 번 충전으로 갈 수 있는 거리가 길어지는데, 그렇게 하면 배터리 가격 때문에 자동차 가격이 올라간다는 문제가 있다. 그래서 좀 더 효율이 좋은 배터리 기술을 개발하기 위해 우리나라의 삼성SDI, LG화학뿐만 아니라 전 세계 배터리 회사가 총력을 기울기고 있다. 덕분에 현재의 배터리보다 효율이 2배 정도 높은 배터리가 곧 등장할 것으로 기대를 모으고 있다. 이렇게 되면 전기차의 보급 역시 훨씬 촉진될 것으로 예상된다.

PART

09

결국 기술적 특이점에
도달할 것인가

신디사이저를 발명한 사업가이며 구글에서 신기술에 대한 연구를 하는 레이 커즈와일(Ray Kurzweil)이 2006년에 매우 흥미로운 책을 출판하였다. 바로 《기술적 특이점은 멀지 않다: 인류가 생물학을 초월할 때(The singularity is near: When humans transcend biology)》* 이다. 이 책에서는 다양한 얘기를 하고 있지만 핵심적인 내용은 기계, 정확히 말하면 컴퓨터가 스스로 진화할 수 있게 되는 기술적 특이점(Technology singularity)에 곧 도달할 것이며 그 시기는 2045년경이 될 것이라는 것이다. 기계가 스스로 학습을 하면서 발전할 수 있게 되면 발전 속도가 가속화되면서 인간의 지능을 뛰어넘게 될 수도 있다는 주장이다.

---

* Ray Kurzweil, The singularity is near : When humans transcend biology, Penguin Books, 2006.

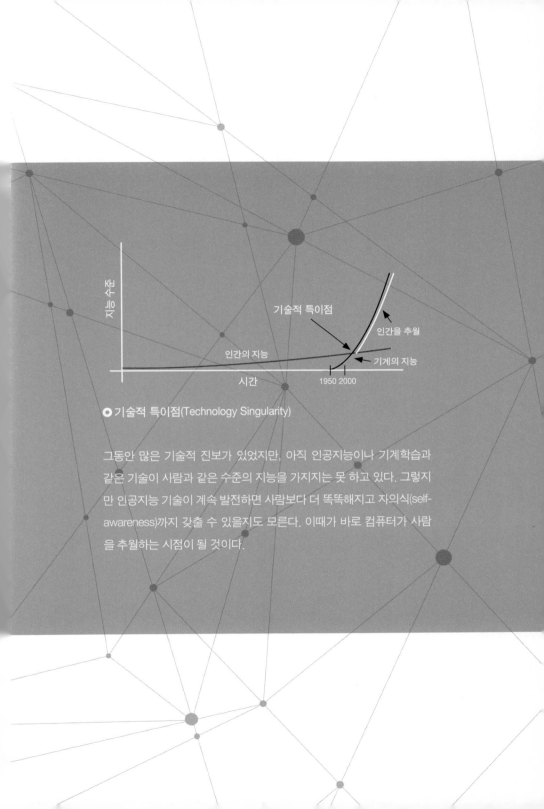

지능수준

기술적 특이점

인간을 추월

인간의 지능

기계의 지능

시간 1950 2000

◉ 기술적 특이점(Technology Singularity)

그동안 많은 기술적 진보가 있었지만, 아직 인공지능이나 기계학습과 같은 기술이 사람과 같은 수준의 지능을 가지지는 못 하고 있다. 그렇지만 인공지능 기술이 계속 발전하면 사람보다 더 똑똑해지고 자의식(self-awareness)까지 갖출 수 있을지도 모른다. 이때가 바로 컴퓨터가 사람을 추월하는 시점이 될 것이다.

한 가지 두려운 것은 컴퓨터의 학습 속도, 그러니까 지능의 발전 속도가 점점 가속이 붙고 있다는 점이다. 이세돌 프로와 알파고의 대국은 2016년 3월에 이루어졌는데, 대부분의 인공지능 연구자들은 이세돌 프로가 이길 것으로 예상하였다. 체스에서 그랬듯이 바둑에서도 컴퓨터가 결국은 인간을 이길 것으로 예상하였지만 그 시기가 2018년 혹은 그 이후가 될 것으로 생각하였던 것이다. 그런데, 알파고가 이세돌 프로를 이겼다. 기계가 사람을 이겼다는 사실이 충격적인 것이 아니라 그 이긴 시점이 예상보다 훨씬 앞당겨 졌다는 점이 충격이었다.

이러한 충격 때문이었을까? 많은 사람들이 컴퓨터가 이러한 속도로 발전하면 특정 문제를 해결하는 지능(weak AI)뿐 아니라, 자의식까지 지닌 고차원적인 지능(strong AI)을 갖춘 컴퓨터가 등장하는 것이 아닌가 하는 막연한 불안감을 표출하고 있다.

시나리오
두 가지

■
▪
▪

앞서 컴퓨터의 인공지능이 발전을 계속하면, 그리고 그 발전의 속도
가 가속화되면 언젠가는 컴퓨터가 스스로 학습하면서 발전할 수 있게
될 것이며 그 지점을 기술적 특이점이라고 부른다고 이야기 하였다. 기
술적 특이점에 도달하면, 그 이후에 어떤 일들이 생길지 생각해 보자.
기술적 발전은 컴퓨터의 인공지능에만 국한되지 않을 것이고, 로봇개발
과 생명공학 등 다양한 분야에서 동시에 이루어질 것이라는 예상이다.

기술적 특이점에 도달하면 컴퓨터는 학습을 통해서 더 나은 인공지
능을 설계할 수 있게 되고, 그 당시 최고의 로봇보다 더 개선된 로봇을
스스로 설계하고 제조할 수 있게 될 것이라는 것이다.

PART 9 결국 기술적 특이점에 도달할 것인가

인공지능이 자의식을 갖게 된다고?

이와 관련해 극단적으로 비관적인 시나리오를 제시하는 사람들은 〈터미네이터〉나 〈I, Robot〉과 같은 공상과학 영화에서처럼 자의식을 갖게 된 컴퓨터가 인류를 적으로 보고 말살하려 할 수도 있다고 생각한다. 인공지능이 자의식을 가지게 되면 자신의 생존이 가장 우선순위가 될 것이고, 생존에 방해가 되는 인류를 적으로 생각할 수도 있다는 것이다. 게다가 인공지능은 사람과 같은 감정이나 가치관이 없기 때문에 자신의 목표를 달성하는데 도움이 된다면 어떤 일이든지 실행하려고 할 것이므로 위험하다는 것이다.

인류 말살과 같은 극단적인 시나리오는 아니지만 인간보다 더 똑똑한 인공지능의 등장으로 인간의 일자리를 컴퓨터가 대신하거나, 인간이 컴퓨터의 지시에 따라 일하는 상황을 예상하는 사람도 있다. 앞의 인공지능에서 살펴보았던 것처럼 가까운 미래에 컴퓨터 의사가 인간 의사를 일부분 대신할 가능성이 많다. 최종 판단을 인간 의사가 한다고 해도 인간 의사는 컴퓨터 의사의 진단에 판단의 대부분을 의지할 수밖에 없게 될 것이다. 따라서 인간 의사는 진단의 법적인 책임을 질 수 없는 컴퓨터 의사를 대신해서 법률적인 부분에서 컴퓨터 의사를 도와주는 보조적 역할을 하게 될 가능성도 있다.

또 다른 시나리오를 생각해 볼 수도 있다. 레이 커즈와일은 생명공학의 발전에 주목했다. 생명공학의 발전 속도와 인간 DNA의 분석정보를 처리할 수 있는 컴퓨터의 발전이 결합되면 미래에 인간 수명이 거의 무한정으로 연장될 수도 있다고 보았다. 현재 생명공학의 수준은 단순한 DNA를 가지고 있는 박테리아나 미생물의 DNA를 합성해서 이들 생명체를 만드는 정도의 수준이다. 그러나 발전 속도가 가속화되면, 인간의 DNA를 치료에 활용할 수 있을 것이라고 예상한 것이다. 예를 들어, 우리 몸속의 어떤 장기에 문제가 생기면 해당 장기를 합성해서 교체하고, 노화를 야기하는 DNA를 수리하면서 노화를 늦출 수 있을 것이라는 얘기다. 그리고 이런 기술이 더 발전하면 사람이 영원히 살 수 있을 것이라 주장하고 있는 것이다. 조금 황당한 얘기 같지만, 레이 커즈와일 본인은 이런 기술이 개발될 때까지만 버티면 그 다음부터는 이러한 기술을 사용해서 영원히 살 수 있을 것이라 굳게 믿고 있다고 한다. 그래서 1948년생인 그는 스스로 개발했거나 주치의가 처방해 주는 약을 하루에 100알씩 먹으면서 이 기술이 개발될 때까지 버티기 위해 노력하고 있다고 한다.[*]

아시모프의 규칙

기술의 발전에 대한 긍정적인 시나리오도 있다. 컴퓨터가 아무리 발

---

* 이재구, 전자신문, 2015년, 4월 15일.

PART 9 결국 기술적 특이점에 도달할 것인가

전하더라도 인류의 지배를 받으면서 인류의 복지와 편의를 위해서 봉사할 것이라는 것이다. 인공지능 기술도 사람이 만드는 것이므로 기계의 지능에 사람을 우선하는 규칙을 넣어 놓으면 된다는 주장이다. 대표적인 예가 공상과학 소설작가였던 이삭 아시모프(Isaac Asimov)가 1942년에 만든 아시모프의 규칙(Asimov's Laws)이다.

아시모프는 로봇이 반드시 지켜야 할 세 가지 규칙을 제안하였다. 간단히 말하면 로봇은 항상 사람의 안전을 우선시해야 한다는 규칙이다. 한국에서도 2007년에 산업자원부 주도로 '로봇윤리헌장'의 초안이 발표되었다.* 이런 규칙을 컴퓨터나 로봇의 지능에 가장 우선하는 규칙으로 심어놓으면 기계가 인간을 해칠 위험 없이 편리하게 사용할 수 있을 것이라 예상한 것이다.

긍정적인 시나리오를 제시하는 사람들은 과거에 산업혁명이 시작되었을 때 기계가 사람의 일자리를 모두 뺏을 것이라는 불안이나, 현재 인공지능과 ICT 기술이 발전하면서 사람들이 갖는 불안이 비슷하다고 얘기한다. 이들은 결국, 모든 기술은 사람을 위해 봉사하는 쪽으로 개발될 것이라 예상하고 있다.

---

* "로봇윤리", 위키피디아 한국어판.

기술적 특이점에 도달하기 위한
몇 가지 조건

미래에는 앞에서 소개한 낙관적 혹은 비관적 시나리오 중 어떤 것이 실현 가능성이 높을까? 기술적 특이점에 대해서는 이미 많은 사람들이 우려를 표현한 바 있다. 대표적으로 마이크로소프트 창업자인 빌 게이츠, 테슬라 창업자인 앨론 머스크, 그리고 물리학자 스티븐 호킹 등이 있다. 이들은 인공지능이 계속 발전하면 인류의 멸망을 가져올 수도 있기 때문에 이에 대한 규제나 대책을 마련해야 한다고 경고하였다.

누구도 미래에 대해 100% 정확하게 예측할 수는 없지만, 합리적으로 예측을 해 보도록 하자. 기술적 특이점에 도달하기 위해서는 몇 가지 조건이 충족되어야 한다. 우선 정보처리 속도가 무한히 빨라져야 하고 같은 비용으로 저장할 수 있는 정보의 용량이 무한히 증가해야 한다. 특이점에 도달하려면 컴퓨터의 지적인 능력이 무한히 증가해야 하고 이를 위해서는 컴퓨터의 정보처리 능력(연산 능력)과 정보저장 능력이 무한히 증가해야 하기 때문이다.

컴퓨터의 지능에 중요한 것은 하나의 컴퓨터의 정보처리 능력, 즉 계산 능력과 정보저장 능력이다. 서로 연결되지 않고 분리된 컴퓨터의 계산능력을 단순히 합하는 것은 의미가 없고, 유기적으로 연결되어서 하나의 머리(프로세서)처럼 작동하는 컴퓨터의 계산능력이 의미가 있다. 앞서 컴퓨터의 처리능력이 18~24개월마다 2배가 된다는 무어의 법칙과 메모리의 용량이 매년 2배가 된다는 황의 법칙을 설명하였다. 또한 가상성의 특징으로 정보처리 비용이 0에 수렴한다는 것과 정보저장에 필요한 물리적 공간이 0에 수렴한다는 것을 설명하였다.

정보처리 용량이 무한히 증가할까

가상의 정보는 물리적인 매체에 얹어져서 표현되어야 한다고 하였다. 물리적인 매체로 현재 반도체가 가장 많이 사용된다. 속도가 느리기는 하지만 자성을 가지는 원판을 이용하는 하드디스크도 있다. 그동안 처리속도와 저장용량이 계속 증가해 온 것은 정보를 표현하는 데 필요한 최소 크기를 줄여왔기 때문이다. 반도체 기술이 28나노에서 20나노로, 다시 14나노로 발전되어 왔다는 말은 대부분 들어봤을 것이다. 여기서 나노는 nano-meter를 말하며 1나노는 십억 분의 1미터(10^{-9} meter)이다. 28나노 기술이란 제품을 구성하는 기본 단위 반도체의 크기가 28나노미터라는 뜻이다. 크기가 작아지면 같은 크기의 반도체 판(동그란 모양으로 가공된 웨이퍼)에 더 많은 용량의 반도체를 집적시킬 수 있다.

 이론적으로는 다른 조건이 같다면 크기를 반으로 줄이면 같은 면적에 4배 더 많은 반도체를 넣을 수 있다. 따라서 28나노에서 20나노, 14나노로 크기가 줄어들수록 용량이 늘어나지만, 동시에 많은 기술적 난관이 존재한다. 다양한 기술적 난관 중 가장 근본적인 것은 반도체 분자의 크기이다. 반도체 소자로 현재 많이 쓰이는 실리콘의 분자 크기는 약 0.111나노미터[*]이다. 즉 14나노는 약 125개의 실리콘 분자에 해당하는 크기이다. 이론적으로야 실리콘 분자 하나 크기까지도 줄일 수 있지만, 실제로는 생산 공정에 사용되는 여러 기술의 오차와 한계 때문에 실현하기 어렵다. 현재 실험실에서 구현된 것으로는 10나노가 한계이다. 반도체 최소 크기가 줄면 생산 공정이 그만큼 민감해져서 불량이 늘기 때문에 (즉, 수율이 떨어지기 때문에) 앞으로 8나노, 6나노 기술이 개발되더라도 언제 상용화 될지는 모른다. 삼성전자와 같은 반도체 회사에서는 이러한 한계를 극복하기 위해 반도체를 실리콘 상에 여러 층을 쌓는 등의 다양한 기술을 시도하고 있지만, 반도체의 집적도가 늘어나는 속도는 앞으로 상당히 둔화될 것으로 예상된다.

---

[*] 위키피디아, https://en.wikipedia.org/wiki/14_nanometer

● 반도체 웨이퍼

정보처리 속도가 무한히 증가할까

컴퓨터 프로세서도 반도체를 사용하기 때문에 동일한 문제가 존재한다. 그래서 반도체 기반 컴퓨터의 한계를 극복하기 위해 양자컴퓨터(Quantum computer)와 같은 새로운 기술을 개발하고 있다. 양자컴퓨터는 간단히 설명하면 물질을 구성하는 기본 요소 중의 하나인 양자를 활용하는 컴퓨터이다. 양자를 반도체를 조작하듯이 원하는 대로 조작해서 계산도 하고 정보도 처리하는 것이다.

기존의 컴퓨터는 정보를 0 혹은 1, 두 가지 상태를 나타내는 이진수인 비트(bit) 단위로 처리하는 데 비해 양자 컴퓨터는 양자의 네 가지 상태를 활용해서 한 번에 4가지 상태를 표시할 수 있는 큐비트(qbit) 단위로 정보를 처리할 수 있다. 실용화된다면 기존의 컴퓨터에 대한 패러다임을 완전히 바꾸면서 컴퓨터의 정보처리 속도를 획기적으로 개선할 것으로 기대하고 있다. 그렇지만 이것도 언제 실용화될지는 불투명하다.

또 다른 돌파구로는 클라우드 컴퓨팅과 같이 여러 대의 컴퓨터를 연결해서 하나의 컴퓨터처럼 활용하는 것이 있다. 클라우드 컴퓨팅은 앞서 설명하였듯이 대용량의 빠른 컴퓨터를 비교적 적은 비용으로 구현할 수 있다는 점이 장점이다. 알파고도 클라우드 컴퓨팅으로 수 천 개의 프로세서를 연결해서 작동했다는 것을 많은 사람이 알고 있을 것이다. 또한 현재의 슈퍼컴퓨터는 대부분 수많은 프로세서를 속도가 매우 빠른 전용 통신네트워크로 연결한 것이다. 현재로서는 이런 클라우드 컴퓨터가 컴퓨터 처리속도 향상에 가장 가능성 있는 해답이라고 생각된다.

그런데 클라우드 컴퓨팅은 수많은 프로세서와 저장장치를 네트워크로 연결해서 작동하는 원리이기 때문에 속도가 무한히 빨리질 수는 없다. 많은 수의 프로세서가 네트워크상에서 하나의 프로세서처럼 동작하려면 프로세서 간의 통신이 빠른 속도로 이루어져야 가능하다. 이와 같은 프로세서 간의 통신을 위해 지금도 많은 첨단기술이 사용되고 있고 앞으로도 많은 발전이 있을 것은 확실하다. 그렇지만 컴퓨터간의 통신 속도도 물리법칙의 지배를 받는다. 반도체와 마찬가지로 이론적으로는 통신 속도가 빛의 속도만큼 빨라질 수 있지만, 실제로는 여러 오차와 안전성 때문에 이보다 훨씬 느릴 수밖에 없다. 우리가 사용하는 인터넷이나 LTE 속도가 이론적 속도보다 훨씬 느린 것을 생각하면 이해가 쉬울 것이다. 설혹 기술이 발전해서 이론적 최고 속도에 근접한다고 해도 빛의 속도를 뛰어 넘을 수는 없다. 즉, 통신 속도는 무한히 빨라질 수 없는 것이다. 따라서 클라우드 컴퓨팅과 같은 기술을 사용하는 분산처리형 컴퓨터의 속도 향상도 한계가 있을 수밖에 없다.

요약하자면, 지금까지는 정보의 처리속도와 정보저장용량이 빠른 속도로 증가하면서 정보처리비용이 0에 수렴하는 것처럼 보였지만, 그 증가속도가 둔화될 것이고 한계에 다다를 것으로 보인다. 전체 정보용량의 증가는 당분간 계속되겠지만 언젠가 한계에 다다를 것이고, 특히 단일 컴퓨터로 작동하는 기계의 속도와 용량의 증가는 정말로 획기적인 기술이 개발되지 않으면 더 빨리 한계에 도달할 것으로 예상된다. 아이러니한 것은 매체라는 물리적 세상의 한계 때문에 정보라는 가상 재화의 증가속도에도 한계가 생길 것이라는 점이다. 그렇지만 한 가지 분명히 해야 할 것은 언젠가는 한계에 다다르더라도 정보처리 속도와 저장용량이 빠르게 증가하는 가상성의 성질은 상당기간 유효하며, 가상화의 진전으로 인해 우리 생활에 나타나는 변화는 여전히 클 것이라는 점이다.

컴퓨터가 스스로
목표를 갖는 것이 가능한가

■
■
■

기술적 특이점의 기본 가정은 '인공지능의 발전이 계속되어 어느 단계가 되면 스스로 학습을 할 수 있다'는 것이다. 현재의 인공지능은 무엇을 학습할지를 사람이 정해주지만 기술적 특이점을 넘어서면 무엇을 학습해야 하는지도 판단할 수 있다는 것이다. 그것이 과연 가능할까? 필자는 불가능하다는 생각이다.

현재의 인공지능 기술은 목표(바람직한 결과)를 사람이 정해주어야 작동한다. 예를 들어, 알파고는 바둑이라는 게임에서 이기는 것을 목표로 정해주고 학습용 데이터를 제공해서 학습을 하게 했다. 학습을 하는 과정이 더 정교해지고 새로운 방법을 사용해서 뛰어난 능력을 가지게 되었지만 여전히 목표는 사람이 결정했다고 할 수 있다. 추상적인 목표,

233 _

예를 들어 '지적 능력을 향상시키는 것'을 목표로 정해주고 이를 달성하는 인공지능을 만들면 되지 않을까? 물론 이렇게 하면 더 포괄적인 학습을 하겠지만, 이 경우에도 지적 능력이 무엇이고 어떤 것이 더 높은 형태의 지적 능력인지를 사람이 정해주어야 한다.

몇몇 국가에서 실험하고 있는 전투용 로봇과 같은 경우 만약에 '적군의 파괴'와 '생존'을 목표로 설정하면 사람을 살상하는 등, 인류에게 해로운 행동을 할 수도 있을 것이다. 그러나 이 경우에도 해로운 행동을 지시한 것은 사람이기 때문에 스스로 지능을 가졌다고 보기는 어렵다. 그러니까 인공지능의 최상위 목표는 사람이 정하는 것이고 그 목표만 적절하게 설정하면 인공지능을 가진 기계가 인류에게 의도적으로 해를 끼치지는 않을 것으로 생각한다. 물론 나쁜 의도를 가진 사람이 인공지능을 나쁜 목적으로 사용하면 그 피해는 엄청날 것이다. 수많은 사람이 우려하는 것도 이것이라고 생각한다.

인간의 뇌를 컴퓨터에 담을 수 있다는 생각

레이 커즈와일이 기술적 특이점과 함께 주장하는 것 중 하나는 인간의 두뇌활동을 정보화하는 기술이 발전하면 인간의 정신을 컴퓨터에 담을 수 있을 것이라는 것이다. 사람의 두뇌활동도 일종의 전기신호를 사용한 정보처리이기 때문이다. 그러므로 우리의 뇌에서 일어나는 정보

처리 활동을 컴퓨터가 그대로 흉내(emulation)낼 수 있다면 우리의 사고 방식과 기억을 컴퓨터에 담을 수 있다는 것이다. 더 나아가 우리의 정신이 컴퓨터에 그대로 복제가 되면 신체가 없어도 영생할 수 있을 것이라 주장하고 있다.

이러한 주장은 몇 가지 논리적 모순을 가지고 있다. 일단 사람의 뇌활동이 컴퓨터가 흉내 낼 수 있는 정보처리활동과 같은 형태이냐에 대한 논란이 있다. 사람의 뇌가 전기신호의 전달로 작동된다는 것은 알려져 있지만, 뇌의 작동원리의 많은 부분은 아직도 밝혀지지 않고 있다. 우리 뇌의 세포, 더 나아가서 분자단위에서 어떤 방식으로 작동하는지 완벽하게 알지 못하는 상태에서 뇌의 활동을 컴퓨터로 이식하는 것은 불가능하다. 많이 양보해서 99%의 활동기제가 밝혀졌다 하더라도 나머지 1%를 모르는 상태에서는 완벽한 이식이 불가능하다. 그리고 뇌의 작동이 대부분 전기신호 형태로 이루어진다고 하더라도 전기신호가 아닌 부분(예를 들어 화학작용)은 컴퓨터로의 이식이 불가능하다. 인간의 뇌활동을 컴퓨터로 이식이 가능하다고 생각하는 것은 모든 물리성이 가상화될 수 있다는 것과 비슷한 주장이다.

현재까지 기술의 발전이 급격히 이루어졌다고 해서 앞으로도 그런 방향으로 계속 발전하리라고 예상하는 것은 너무 단순한 예측이다. 즉, 기술적 특이점과 그 이후에 나타날 현상에 대한 예측은 많은 부분이 기술의 발전방향에 대한 단순한 선형적 예측(현재의 발전 방향이 그대로 유지될 것이라는 예측)에 기반한 지나친 낙관주의라고 생각한다.

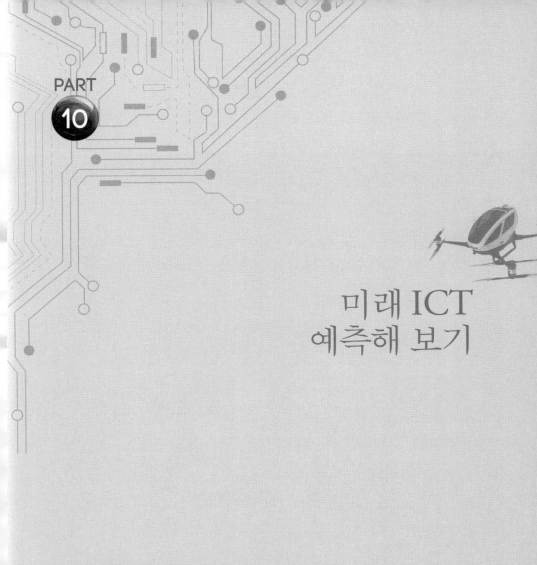

미래 ICT
예측해 보기

앞으로 ICT 기술은 어떻게 발전할까? 앞서 다양한 기술에 대한 설명을 하였는데, 이들 기술을 전체적으로 비교해 보는 것도 의미가 있을 것이다. 기술을 분류하는 기준은 수없이 많겠지만, 우선 각 기술이 가상성/물리성의 성격을 얼마나 가지고 있는지를 가로축으로, 각 기술의 난이도를 세로축으로 나타내 보면 다음 그림과 같다.

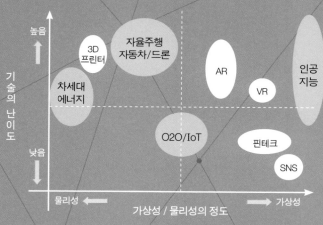

● ICT 기술의 분류와 미래 예측

그림에서 각 기술의 크기는 기술이 성숙되었을 때 예상되는 시장규모를 나타낸다. 진하게 표시된 자율자동차, 인공지능, 차세대 에너지, O2O가 가장 큰 시장을 형성할 것으로 예상된다.

인공지능의 경우 위아래로 길쭉한 것은 인공지능이라고 불리는 기술 안에서도 난이도 차이가 크다는 것을 나타낸다.

핀테크가 좌우로 길쭉한 것은 핀테크를 구성하는 기술이 결제처리와 같은 가상성이 큰 기술과 단말기와 같은 물리성이 큰 기술이 섞여 있음을 나타낸다.

AR의 경우 기술의 난이도 편차가 큰 이유는 마커 없이 구현되는 AR은 기술의 난이도가 매우 높지만 게임과 같은 간단한 AR은 난이도가 높지 않기 때문이다.

물리성이 강한 기술은 발전과 보급의 속도가 가상성이 강한 기술보다 느리다고 하였다. 이 점을 감안하면 그림의 왼쪽에 있는 차세대 에너지, 3D프린터, 자율주행자동차는 그 순서대로 개발과 보급의 속도가 느릴 것으로 예상된다. 이에 비해 그림의 오른쪽에 있는 인공지능, VR/AR, 핀테크, SNS 등은 발전과 보급의 속도가 상대적으로 빠를 것으로 예상된다.

기술의 난이도를 기준으로 보면 그림의 위쪽에 있는 자율주행자동차, 인공지능, 차세대 에너지, AR 등은 대규모의 장기적인 투자를 해야 경쟁력을 가질 수 있음을 뜻한다.

그림의 아래쪽에 있는 O2O, 핀테크, SNS 등은 기술개발 자체는 크게 어렵지 않지만 비즈니스로서 성공하려면 다른 요인이 중요함을 의미한다. 이들 세 가지 기술의 특징은 앞서 설명한 '네트워크 효과'가 크게 작용하는 기술이라는 점이다. 그래서 이 세 기술의 경우는 기술개발 자체보다 시장에 먼저 진출한 기업이 네트워크 효과로 인해 큰 이점을 가지게 되는 특징이 있다.

앞의 그림처럼 기술 각각에 대해 예상하는 것도 필요하지만 실제로는 여러 가지 기술이 같이 사용되는 경우가 많으므로 종합적으로 살펴보아야 한다. 예를 들어 자율주행자동차는 주어진 상황에서 정확한 판단을 하는 것이 중요하기 때문에 인공지능 기술과 떼려야 뗄 수가 없다. 그래서 적용분야 별로 각 기술이 어떻게 사용되고 미래에는 어떻게 바뀔지를 예측해 보는 것이 중요하다. 다음에서는 각 기술을 분리하지 않고 주요 적용 분야를 중심으로 예측해 보기로 한다.

모든 기기가
컴퓨터로 연결된다

앞으로도 상당 기간 동안 노트북과 같은 전용 컴퓨터를 사용하겠지만, 미래에는 컴퓨터가 점점 더 다양한 기기에 녹아들어 갈 것으로 예상된다. 현재도 스마트폰이 컴퓨터의 역할을 하듯이 다양한 기기에 컴퓨터가 들어가서 정보처리를 담당할 것이다. 예를 들어 요즘 많은 기업에서 전략적으로 추진하는 스마트홈은 가정의 곳곳에 설치된 다양한 기기와 센서에서 수집된 정보를 바탕으로 가정의 관리를 최적화하는 것을 목표로 한다. 이를 위해서는 TV, 냉장고 등과 같은 가전기기는 물론 냉난방기와 심지어는 창문과 같은 기기에 센서와 간단한 프로세서가 장착되어 서로 통신하면서 최적의 상태를 유지해야 한다. 현재는 이들 기기에 장착되는 프로세서를 아주 간단한 처리만 할 수 있는 것으로 사용하고 있지만 점점 더 빠르고 강력한 것으로 바뀔게 될 것으로 예상된다.

우리가 사용하는 스마트폰이나 손목 밴드, 그리고 시계와 같은 웨어러블 컴퓨터 등에서도 마찬가지 추세가 나타날 것이다. 앞에서 언급하였듯이 정보처리에 들어가는 비용과 정보저장비용은 0에 가까워질 것이기 때문에 이런 추세는 당분간 계속될 것으로 예상해 볼 수 있다. IoT가 여기에 해당된다고 할 수 있는데, 앞으로 IoT와 전통적인 컴퓨터의 사용을 구분하는 것은 의미가 없을 것이다. IoT, 컴퓨터, 스마트폰, 태블릿이 다 같이 연결되어 서로 정보를 주고받으면서 우리 생활에 도움을 줄 것이기 때문이다.

프로세서가 더 강력해지면 당연히 더 복잡한 처리를 할 수 있고 더 스마트한 동작이 가능할 것이다. 각종 기기와 컴퓨터 시스템이 연결되면 어떤 것이 가능한지 예를 들어 보기로 한다.

현재 CCTV는 단순히 영상을 전송하는 기능만 있는 것이 대부분이다. 최신모델 중에는 소리가 나는 방향으로 움직이거나 이상 동작을 감지하는 좀 더 발전된 것이 있기는 하다. 그런데 만일 CCTV에 강력한 프로세서와 저장장치가 들어가면 어떤 일이 가능할까? 각 CCTV에 번호판인식과 얼굴인식이 가능한 프로세서와 소프트웨어가 들어가게 되면 번호판 인식과 얼굴인식이 각 CCTV에서 처리가 가능해질 것이다. 그렇게 되면 아파트와 사무실의 출입이 별도의 카드나 장치가 필요 없이 얼굴인식으로 자동으로 가능하게 될 것이다. 또한 범죄에 사용된 자

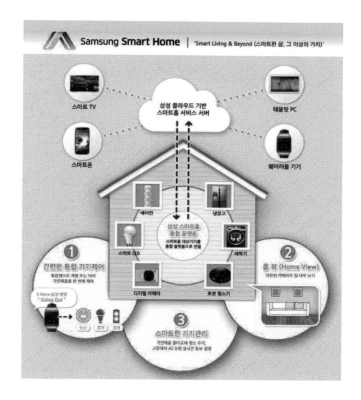

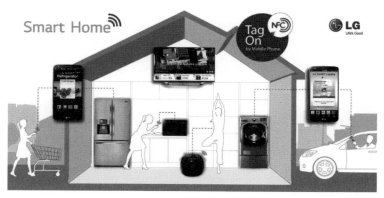

● 삼성과 LG의 스마트홈 개념

동차 번호나 수배범의 사진이 각 CCTV에 전달이 되면 전국의 수십만 개의 CCTV가 이들을 추적하는 역할을 해서 추적이 훨씬 쉬워질 것이다.

현재는 개별 소비자의 위치를 추적하는 것이 법으로 금지되어 있지만 사생활을 침해하지 않는 범위에서 추적이 가능하도록 법이 개정되고 기술이 보완되면 광고나 소비자 행동 분석에 이를 활용할 수 있을 것이다. 예를 들어 개별 소비자의 이동에 대한 자료를 수집해서 소비자의 니즈를 예측하거나 각 지역별 점포별 제품의 수요를 예측하고 이에 따라 재고관리, 물류관리 등을 개선할 수 있을 것이다.

CCTV 뿐 아니라 다른 기기에서도 비슷한 추세를 예상해 볼 수 있다. 과거에 ubiquitous computing이라고 이름 지었던 것이 약간 다른 형태이기는 하지만 앞으로 구현될 것이라고 볼 수 있다. 만일 냉장고에 지금 PC 정도의 처리능력과 저장장치가 장착된다면, 그리고 냉장고가 다른 냉장고나 다른 가전 기기와 통신이 가능하다면 어떤 변화가 있을까? 마찬가지로 TV가 지금보다 훨씬 뛰어난 정보처리 능력과 지능을 가지고 다른 기기와 통신을 할 수 있게 되면 어떤 결과를 가져올까? 이런 것을 생각해 보면 미래의 우리 생활의 변화에 대해서 여러 가지 아이디어를 얻을 수 있을 것이다.

인공지능이
쇼핑과 광고를 바꾼다

■
■
■

앞으로 고객의 정보는 IoT, O2O, 핀테크 등의 다양한 소스를 통해서 점점 더 많이 수집될 것으로 예상된다. 예를 들어서 우리가 사용하고 있는 스마트폰은 이미 우리 각자의 행동과 위치 등에 대해서 자세한 정보를 수집, 전송하고 있다. 앞으로 CCTV나 자동차와 같은 기기들이 더 강력한 정보처리 능력과 통신능력을 가지게 되면 소비자에 대한 정보는 더 많이 수집될 것이다. 이렇게 정보가 늘어나면 소비자의 니즈에 대한 더 정확한 분석이 가능해질 것이고 이를 바탕으로 더 정확한 타깃광고가 가능해 질 것이다. 일단 데이터가 수집되면 가상성의 특성상 이를 처리하는 비용은 낮아진다. 따라서 기계학습과 인공지능을 활용해서 현재보다 더 정확하고 세밀한 소비자 분석을 신속하게 할 수 있을 것이다.

그런데 여기서 더 정확하고 세밀한 소비자 분석이 가능하다는 것은 전반적인 추세를 말하는 것이고 개별 기업의 분석능력에는 차이가 있을 것임을 기억해야 한다. 데이터 분석에는 앞에서 설명한 기계학습이나 인공지능 같은 기술이 많이 사용될 것인데, 이러한 기술은 최후의 10%가 가장 어렵고 중요하다. 예를 들어서 바둑 능력에 있어 알파고와 바로 그 다음 수준의 바둑 프로그램의 능력의 차이를 계량화한다면 채 10%도 차이가 나지 않을 것이다. 그렇지만 이 10%를 향상시키는 것이 정말 어렵다.

이는 인간의 세상에서도 마찬가지이다. 프로 운동선수의 경우, 상위 1%의 선수와 나머지 선수의 운동능력(파워나 정확도 등)을 비교해 보면 아마 10%도 차이가 나지 않을 것이다. 그렇지만 이 10%의 향상이 정말로 어렵기 때문에 몸값의 차이가 엄청난 것이다. 데이터 분석도 마찬가지이다. 분석의 정확도를 10%, 아니 경우에 따라서는 1%를 올리는 것도 매우 어렵다. 특히 최고 수준으로 갈수록 약간의 향상을 위해서도 많은 노력과 기술개발을 필요로 한다. 그렇지만 일단 성공하면 큰 가치를 가져온다.

현실세계와 데이터 분석이 다른 점이 있다면 운동선수의 운동능력은 물리적인 제한(물리성)으로 인해서 세월이 흘러도 큰 변화가 없지만 데이터 분석 능력은 지금의 최고의 수준도 시간이 흐르면 누구든지 할 수 있는 보통의 수준이 된다는 것이다. 예를 들어서 프로야구에서 10년 전의 최고 수준 선수와 지금의 최고 수준 선수는 운동능력이 큰 차이가 없을 것이다. 물론, 그 동안 훈련방식과 운동생리학의 발전 등을 통해 개선은 됐겠지만 몇 배의 차이는 아닐 것이다. 물리적인 기계도 마찬가지이다. 10년 전 최고성능의 자동차와 지금 최고성능의 자동차는 그 출력이나 속도에 있어서 채 2배도 차이가 나지 않을 것이다. 그렇지만 정보 분야의 데이터 분석능력과 정확도를 보면 10년 전에 비해서 몇 십배, 몇 백배의 차이가 나는 것을 쉽게 볼 수 있다. 그래서 10년 전 세계 최고수준의 분석이 지금은 누구나 할 수 있는 것이 된 것이 많다. 다시 말해서 가상성의 지배를 받는 데이터 분석 분야에서 세계 최고 수준을 유지하려면 데이터 분석의 정확도와 처리능력을 계속 발전시켜 경쟁자와의차이를 벌려야 한다는 것이다.

세계적인 IT 회사들의 각축장, 엔터테인먼트

■
■
■

엔터테인먼트 분야는 ICT 중에서도 VR/AR의 영향을 많이 받을 것이다. VR이 엔터테인먼트 분야에 적용되려면 해결되어야 할 기술적인 과제가 많이 있기는 하지만, 다양한 콘텐츠를 실감나게 소비할 수 있게 함으로써 엔터테인먼트 산업의 성장에 도움을 줄 것으로 예상된다.

예를 들어 스포츠 중계에 VR을 적용하면 시청자가 마치 그라운드에서 선수와 같이 뛰는 듯한 느낌을 가질 수 있을 것이다. 게임도 마찬가지이다. 현재 2차원적으로 표시되는 온라인 게임에 VR이 적용되면 더 흥미 있는 게임을 즐길 수 있을 것이다. 만일 영화나 드라마에 VR이 적용된다면 어떨까? 남녀 주인공이 사랑고백을 하는 결정적인 장면을 360도 다양한 각도에서 볼 수 있다면? 관객이 마치 전쟁터의 한 복판에 있는 것과 같은 실감나는 전쟁영화를 볼 수 있다면? 아마 콘텐츠 소비가 더 늘어날 뿐 아니라 VR로 촬영장소를 둘러 보는 서비스도 개발될 수 있고, PPL과 같은 광고도 구석구석에 더 다양하게 배치 할 수 있을 것이다.

구글, 애플, 페이스북과 같은 세계적인 IT 회사들은 VR이 앞으로 크게 성장할 것으로 예상하고 앞다투어 많은 자금을 투자하고 있다. 페이스북이 오큘러스를 인수하는 등 VR에 투자하는 이유는 현재 페이스북에서 이루어지는 사람들의 교류를 VR기기를 통해서 가상의 세상에서 제공하기 위한 것이 아닐까 생각할 수도 있다. 그렇지만 화상전화의 경우에서 보듯이 VR을 통해서 가상의 공간에서 교류하는 서비스는 사람들이 사용할 가능성이 낮다. 이보다는 아마도 위에서 얘기한 콘텐츠 소비를 VR로 하게 하려는 측면이 더 클 것이다. 페이스북은 드라마나 게임과 같은 콘텐츠는 VR로 소비하면 파급력이 더 클 것으로 보고 VR에 선제적으로 투자해서 주도권을 잡으려고 하는 것으로 추측된다.

이에 비해서 AR은 실제 영상에 부가 정보가 추가되는 형태이므로 엔터테인먼트보다는 실생활과 밀접한 교통, 광고 등에 많이 사용될 것으로 예상된다. 예를 들어 자동차 앞 유리창에 진행방향을 겹쳐서 표시하면 훨씬 더 편리하게 운전을 할 수 있다. 또한 AR을 활용해서 위치에 기반한 광고와 프로모션을 진행하는 것을 생각해 볼 수 있다. 특정 지역에서 스마트폰이나 안경과 비슷한 AR장치를 착용하고 보면 실사영상 위에 다양한 부가정보와 프로모션이 진행되는 상품에 대한 정

보나 쿠폰 등이 표시되어 사람들의 참여를 이끌어 내는 방식으로 사용
될 수 있을 것이다.

물리성이 강한
교통 · 운송시스템의 미래

■
■
■

    교통/운송은 앞으로 큰 변화가 일어날 것으로 예상되는 분야이다. 앞서 설명한 자율주행자동차와 같이 새로운 혁신이 등장하면 도로 시스템, 대중교통, 자동차 산업 등에 심대한 영향을 미칠 것으로 예상된다. 물론 완벽한 자율주행자동차가 나오고 현재의 자동차를 대체하려면 아직도 많은 시간이 필요할 것이다. 초기에는 장거리 트럭과 같이 비용 대비 효과가 큰 분야에 우선 사용될 가능성이 높다. 장기적으로는 일반 사람이 사용하는 자동차도 자율주행자동차로 바뀔 것이다.

    일단 자율주행자동차가 실용화되면 그 자체가 무인 택시 역할을 할 수 있어서 개인이 차를 보유할 필요가 없어질 것이다. 필요할 때만 차를 빌려서 사용하는, 즉 자동차를 서비스 형태로 사용하는 것이 일반적이 될 것이다. 예를 들어, 차가 필요하면 가장 가까운 데 있는 무인차를 불러서 목적지까지 가고 목적지에서 그 차는 다시 다른 사람을 태우면 된다. 즉 자율주행자동차에 우버와 같은 O2O 서비스가 결합될 것으로 예상할 수 있다.

이러한 자율주행자동차를 활용한 O2O 서비스의 비용은 정액으로 지불하거나 건마다 지불하는 등 다양한 형태의 요금제가 가능할 것이다. 또한 자동차 서비스를 제공하는 회사에 따라 다른 요금제가 적용될 것이고 회사 간의 서비스 차별화(예를 들어 요금이 조금 비싸지만 고급 차를 주로 보유한 회사와 작은 차를 주로 보유하고 있지만 요금은 싼 회사 등)도 등장할 가능성이 높다. 거기에다 외부의 다른 회사들이 프로모션 목적으로 다양한 형태의 특별 요금제나 할인쿠폰, 무료 사용권 등을 제공하는 마케팅이 가능할 것이다.

자율주행자동차가 일반화되면 차들이 거의 하루 종일 운행이 되기 때문에 지금보다 훨씬 적은 수의 차만 있으면 되고 주차장도 덜 필요할 것이다. 현재 자가용차가 운행되는 시간의 비율은 5% 이하라고 하는데, 만일 자율주행자동차를 여러 사람이 공유하면 이 비율이 50% 이상으로 올라갈 수 있다. 적게 잡아서 20%로 올라간다고 가정해도 현재 자동차의 1/4만 있으면 충분하다는 얘기가 된다.

자율주행자동차가 일반화되면 도로와 교통시스템도 큰 변화가 있을 것이다. 여기에는 자율주행자동차는 물론 IoT와 기계학습 등이 큰 역할을 할 것이다. 예를 들어 신호등이 연동되는 것은 물론 자동차가 신호등 통제 시스템과 계속 통신을 하면서 최적의 주행을 할 수 있을 것이다. 이렇게 되면 신호등에 걸리지 않고 갈 수 있도록 자동차의 속도를 조정할 수 있어서 더 빨리 가고 에너지도 절약할 수 있을 것이다. 자율주행자동차 보급율이 100%에 가까워지게 되면 신호등이 전파나 전기신호 발생기로 바뀌어 도로에 포함되면서 아예 없어질 수도 있다. 사실 신호등은 사람이 운전할 때 필요한 것이지 자율주행자동차에는 적합하지 않기 때문이다.

자율주행자동차가 가져올 변화에는 자동차를 플랫폼으로 하는 새로운 서비스도 있다. 앞서 언급했던 자율주행자동차를 기반으로 한 자동배송과 같은 새로운 물류서비스가 등장할 것이고, 7장에서 설명한 것과 같이 자율주행자동차에서 수집되는 엄청난 데이터를 바탕으로 한 다양한 서비스가 등장할 것이다.

새로운 도로, 교통시스템을 만드는 것은 물리성이 강하기 때문에 가상성이 강한 정보의 분석을 바탕으로 새로운 비즈니스를 개발하는 것보다는 상대적으로 더 많은 시간이 필요하다. 다시 말해서, 신호등이 필요 없는 교통시스템이나 무인배송 서비스와 같이 물리성이 강한 서비스는 등장에 많은 시간이 필요하다는 것이다. 이에 비해 자율주행자동차가 일단 운행을 시작하면 거기에서 생산되는 데이터를 활용하는 것은 즉시 가능하다. 따라서 이를 바탕으로 한 광고나 콘텐츠 제공 서비스와 같은 새로운 비즈니스 모델은 더 일찍 등장할 것이다 (비즈니스 모델의 예는 7장에 있다).

　자율주행자동차의 보급이 늘어나면 이용객의 데이터를 활용한 서비스가 주요 비즈니스 모델로 자리 잡을 것이다. 이때에는 초기에 서비스를 시작한 기업이 시장을 주도할 것이다. 그래서 구글이나 애플과 같은 회사가 선도기업이 되기 위해서 실용화까지 시간과 비용이 많이 들 것으로 예상되는 자율주행자동차에 큰 투자를 하고 있는 것이다.

3D프린터와 제조업,
그리고 유통의 미래

■

■

■

　제조에서는 3D프린터가 가져올 변화가 가장 도드라질 것이다. 우선 3D프린터로 인해 대량생산과 맞춤형생산의 원가차이가 줄어들면서 맞춤형생산이 더 확대될 것으로 예상된다. 과거에 대량생산을 했던 주요 이유 중 하나는 금형개발, 생산라인 구축에 드는 비용이 컸기 때문이다. 개발하는데 한 개에 수 천만 원에서 수 억원이 들어가는 금형을 단지 몇 개의 제품을 생산하기 위해 만들 수는 없기 때문이다. 반면에 3D프린터는 한 개를 생산하거나 1,000개를 생산하거나 단위 생산비용이 같기 때문에 굳이 개별 고객의 요구사항을 무시하면서 획일적인 제품을 제조할 이유가 없다.

　그런데 아무리 3D프린터가 일반화되더라도 모든 제품이 맞춤형으로 바뀌지는 않을 것이다. 맞춤형 제품을 생산하는 데는 추가비용이 안 들더라도 설계하는 데에는 비용이 들어가기 때문이다. 또한 모든 재료를 3D프린터가 가공할 수 있는 것은 아니기 때문에 제품 전체를 생산하기보다는 일부분에서만 3D프린터를 사용할 가능성이 높다. 어찌되었건 지금보다는 맞춤형 제품이 더 늘어나거나 맞춤화 할 수 있는 부분이 늘어날 것이라는 것을 예상할 수 있다. 또한 설계도만 받아서 집에서 제조하는 가정공장(home factory)이나 자가생산(self-manufacturing)이 등장하면서 제조업체의 역할이 제조보다는 제품설계(engineering) 쪽으로 조금 더 옮겨갈 것이다.

3D프린터의 경우는 물리성이 강한 분야이기 때문에 발전과 변화의 속도가 다른 분야보다는 상대적으로 느릴 것으로 예상된다. 3D프린터 기술이 빨리 발전한다 해도 물리의 법칙을 넘어 설 수는 없기 때문에 한계가 있을 것이라는 뜻이다. 예를 들어서 아무리 3D프린터와 프린터용 재료의 가격이 싸진대도 IT 분야처럼 짧은 시간 안에 가격이 몇십분의 일이나 몇백분의 일로 떨어지지는 않을 것이다. 또한 3D프린터로 제조가 가능한 신소재들이 개발되어도 여전히 3D프린터가 다룰 수 있는 소재는 제한적이기 때문에 3D프린터로 제조할 수 있는 제품에는 한계가 있을 것이다.

물리성으로 인해서 3D프린터는 또 다른 한계를 갖는데, 그것은 물리적인 물체는 디지털이 아니라는 것이다. 정보는 디지털이기 때문에 복제가 쉽고, 복제를 하더라도 원본과 복사본이 품질 차이가 없다. 왜 냐면 디지털에서는 모든 정보가 0 아니면 1로 표현되기 때문이다. 이에 비해서 물리적인 제품은 아무리 정밀하게 설계를 하고 아무리 정밀한 3D프린터로 만들더라도 원본과는 차이가 생길 수밖에 없다. 따라서 3D프린터가 현재의 제조방식을 대체할 수 있는 분야는 제한적일 수밖에 없고, 대부분의 분야에서 현재의 제조방식을 대체하는 데에는 많은 시간이 걸릴 것이다.

비관적인 시나리오를 생각해 보면 3D프린터는 합성수지와 같이 쉽게 가공할 수 있는 재료로 저부가가치 제품을 만드는 시장과 의료용 인공장기와 같은 고가품을 제조하는 시장으로 양분되어 시장규모가 커지지 않을 가능성도 있다.

유통 분야를 살펴보면, 앞서 설명한 자율주행자동차나 드론이 발전하면서 큰 영향을 미칠 것이다. 지금도 온라인/모바일 쇼핑의 규모가 커지고 있지만 만일 무인 배송 기술이 발전해서 온라인으로 구매한 제품을 몇 시간 내로 싸게 받을 수 있으면 온라인/모바일 쇼핑이 더 확대될 것이다. 즉, 온라인 쇼핑의 취약점인 배송(물리성)이 개선되면서 온라인 쇼핑의 경쟁력이 더 강해질 것이다.

그렇지만 유통은 기본적으로 운송이라는 물리성이 지배하는 분야이다. 드론, 자율주행자동차와 같은 기술의 발전으로 많은 혁신이 이루어지더라도 여전히 물리성의 한계로 인해 IT 분야보다는 발전 속도가 느릴 것이다.

드론이나 무인배송의 경우 앞서 설명하였듯이 제한된 분야에서만 적용될 가능성도 높다. 드론이나 무인 배송차는 지금의 배송을 완전히 대체하기보다는 긴급을 요하는 일부 배송에 사용될 가능성이 높다.

금융서비스,
경계를 넘어 세계를 하나로

∎

∎

∎

　금융 분야의 거의 모든 상품은 정보로 표시될 수 있기 때문에 IT의 영향이 상대적으로 더 클 것으로 예상된다. 금융상품은 숫자로 표시되는 정보재가 대부분이다. 우리가 이용하는 저축, 대출, 주식투자, 보험 등의 금융 상품은 금전적인 가치를 숫자로 표시하는 정보로 이루어져 있다. 금융은 또한 언어나 문화와 같은 지역적인 특성도 적다. 그렇기 때문에 사실 금융이야말로 글로벌화되기 가장 쉬운 분야라고 할 수 있다. 게다가 ICT가 발달한 지금은 전 세계가 네트워크화되어 있어서 국경을 넘어 정보를 쉽게 주고 받을 수 있기 때문에 글로벌화에 최적인 비즈니스인 것이다.

　그런데 현실에서는 금융 산업이 다른 산업보다 더 글로벌화되어 있다고 보기 어렵다. 가장 큰 이유는 법률적 규제이다. 각 국가의 정부는 외국 금융회사가 자국의 경제시스템을 교란하는 것을 막기 위해 외국의 금융회사가 자국에서 활동하는데 있어, 특히 자금의 이동에 있어서 엄격한 법률적 규제를 만들어 시행하고 있다.

앞으로 ICT가 더 발전하면 자연스럽게 이러한 규제를 없애라는 압력이 안팎에서 거세질 것이다. 글로벌 금융회사의 입장에서는 새로운 시장을 얻기 위해 규제철폐를 요구할 것이고, 각국의 소비자들은 더 다양하고 좋은 금융서비스를 이용하기 위해 규제를 없애라고 요구할 것이다. 단기적으로는 애국심 등으로 인해 규제가 유지되겠지만, 장기적으로는 이런 압력으로 인해 규제의 정도가 약해져서 다른 산업보다 더 빨리, 철저하게 글로벌 경쟁에 돌입하게 될 것이다. 교통이나 운송의 경우는 물리성이 강하기 때문에 한 국가의 서비스를 다른 국가로 확장하는 데 상당한 비용이 들게 된다. 그렇지만 금융의 경우는 가상성이 매우 강한 분야이기 때문에 다른 국가로 쉽게 확장할 수 있다. 즉, 금융은 장기적으로는 글로벌 경쟁을 통해서 소수의 대형 금융회사(혹은 파트너십을 통해 연결된 금융회사 집단)로 정비될 가능성이 많다.

금융의 서비스 측면에서는 더 복잡한 가격결정 방식과 다양한 결제 방법이 사용될 것으로 예상된다. 결제 방법으로는 핀테크로 대표되는 다양한 모바일 결제 방법이 사용될 것이다. 이와 더불어 가격과 과금 방식이 더 복잡하고 세밀해 질 것으로 예상된다. 전화료를 생각해 보면, 과거에는 요금의 결정이 매우 단순했다. 월 기본료에 사용량에 따른 부가요금이 전부였다. 그런데 지금은 기본료에 부가서비스 사용료를 서비스마다 적게는 몇 십 원에서 많게는 몇 만원까지 따로 계산하고, 서비스를 묶어서 패키지로 선택하면 할인을 받는 등 요금 체계가 달라졌다.

전통적인 비즈니스에서는 결제가 사람들이 직접 돈을 주고받는 방식으로 물리적 세상에서 이루어지기 때문에 금액에 관계없이 결제하는 횟수에 비례해서 비용이 발생한다. 따라서 몇원과 같은 적은 금액을 결제하는 것은 결제에 들어가는 물리적인 노력을 생각하면 비용대비 효과가 없기 때문에 어느 정도 이상의 금액을 최소 거래단위로 정하고 결제를 하는 것이 보통이었다. 그런데 결제가 온라인에서 이루어지면서 결제에 들어가는 비용이 거의 0이 되기 때문에 아무리 작은 금액을 결제해도 비용대비 효과가 생기게 된다.

결제가 온라인으로 넘어가면서 이런 현상이 여러 분야에서 공통적으로 나타날 것으로 예상된다. 앞서 설명한 자율주행자동차의 예를 보면, 사람들의 자동차 사용이 자동으로 기록되기 때문에 복잡한 과금 방식이 적용될 수 있다. 승차한 거리뿐 아니라 무게, 이용 시간대별(오전, 오후, 점심시간 등), 어떤 도로를 지나가느냐, 어떤 쿠폰을 사용하느냐 등에 따라서 복잡하게 과금이 가능할 것이다. 복잡한 과금을 해도 어차피 계산은 정보에 의해서 이루어지기 때문에 과금에 들어가는 비용은 거의 없게 된다. 서비스를 제공하는 기업의 입장에서는 가격을 고객에 따라서 세밀하게 차별화할 수 있다는 이점 때문에 복잡한 가격체계를 선호할 것이고, 금융회사 입장에서는 복잡한 과금 계산을 대신해 주면서 추가 비용을 받거나, 아니면 무료로 제공하고 고객을 확보하는 목적으로 사용할 수 있다. 따라서 앞으로는 제품과 서비스의 가격이 더 복잡하게 책정되고 과금될 가능성이 높다.

4차산업혁명의 시대,
무엇을 준비해야 하나

ICT는 이제 우리 삶의 일부가 되었다. 단순히 생활을 편리하고 더 좋게 하는 것에서 더 나아가 우리의 삶을 바꾸고 있다. 특히 다가오는 4차 산업혁명에서는 ICT가 중추적인 역할을 할 것으로 예상된다. 그렇다면 ICT에 대해 좀 더 자세히 이해하고 ICT가 가져올 미래의 변화에 대해 생각해 보는 것이 꼭 필요하지 않을까? 원래 미래의 변화를 예측하는 것은 무척이나 어렵다. 틀리지 않으면 예측이 아니라고 하지 않던가? 그렇지만 틀리더라도 좀 적게 틀리는 방법이 있으면 미래에 대해 생각해 보는데 도움이 될 것이다.

이 책의 독자들 중에 기업과 관련된 분이 많을 것이기 때문에 기업을 중심으로 어떤 대비를 해야 할 지를 생각해 보기로 한다. 기업들은 물리성과 가상성에 대한 확실한 이해를 바탕으로 비즈니스 전략을 준비해야 할 것이다. ICT가 비즈니스에 미치는 영향은 크게 세 가지로 나누어 볼 수 있다. 첫째는 기존의 시장에서 제품이나 서비스가 제공되는 방식에 영향을 주는 것이고, 둘째는 온라인과 오프라인 결합되어 새로운 비즈니스를 만들어 내는 O2O(Online-to-offline)이고, 셋째는 ICT로 인해 전혀 새로운 시장이 생기는 것이다.

첫째로 기존의 기업은 ICT로 인한 변화를 예측하고 이에 대비하는 것뿐 아니라 더 나아가서 어떻게 ICT를 활용할지를 고민해야 할 것이다. 기존 기업의 예로는 전통적인 제조업이나 호텔과 같은 서비스업을 생각해 볼 수 있다. 기업의 비즈니스 활동은 가상성과 물리성이 혼합되어 있다. 기업이 제공하는 제품과 서비스는 물리적인 제품과 가상의 정보가 결합된 것이기 때문에 이것은 어찌 보면 당연한 것이다. 산업에 따라, 그리고 개별 제품에 따라 가상성과 물리성이 혼합된 비율과 혼합되는 형태가 다르다. 산업마다 혼합의 비율이 다르기는 하지만 가상성의 비중이 커지는 것은 모든 분야에 공통적이다. 따라서 물리적인 제품을 주력으로 하는 회사의 경우 가상의 정보를 어떻게 결합시킬지를 고민해 보아야 할 것이다.

둘째로 온라인에서 성공한 많은 기업이 오프라인으로의 진출을 고민하고, 오프라인 기업은 온라인 비즈니스 기회를 찾고 있다. 즉, 많은 기업이 O2O를 계획하고 있다. 이때, 온라인과 오프라인은 가상성과 물리성을 특징으로 하는 매우 다른 세상임을 명심하여야 한다.

예를 들어서 최근에 무료배송으로 경쟁하는 온라인 쇼핑 기업들이 나타났다. 물건의 배송은 물리적인 영역이기 때문에 개별 배송에 비용이 발생한다. 고객을 아무리 많이 확보하고 물류시설을 대규모로 갖춰서 규모의 경제를 실현해도 비용절감에는 한계가 있다. 그리고 배송망은 연결이 그 가치의 원천이 아니기 때문에 네트워크 효과가 발생하지 않는다. 다시 말해 배송망의 경우는 네트워크가 커진다고 해서 즉, 더 많은 고객에게 배송을 할 수 있다고 해도 참여자가 얻는 효익이 늘어나지는 않는다. 따라서 다른 수익모델이 없는 상태에서 무료배송으로 고객을 확보하겠다는 것은 좋은 전략은 아니라고 생각된다.

네트워크 효과가 없는 상태에서 확보된 고객은 조금만 더 좋은 조건을 제시하는 경쟁자가 있으면 거기로 옮겨갈 가능성이 많다. 처음에는 경쟁자보다 더 많은 고객을 확보하겠다는 생각으로 무료배송을 시작했을지 모르지만 일단 무료배송 경쟁을 시작하면 누가 쓰러지기 전에는 그만둘 수 없는, 목숨을 건 치킨게임이 되어버리는 것이다. 물리성과 가상성의 특성을 잘 이해한다면 이것이 좋은 전략이 아님을 쉽게 알 수 있을 것이다.

O2O 비즈니스에서는 자율주행자동차의 예처럼 어떻게 온라인의 네트워크 효과를 오프라인까지 확장시킬 것인가, 혹은 어떻게 오프라인의 네트워크 효과를 극대화시킬 것인지를 고민해 보아야 할 것이다.

셋째로, ICT로 인해 새롭게 등장한 시장의 대표적인 예로는 페이스북이나 카카오톡과 같은 SNS, 그리고 우버나 에어비앤비와 같은 공유 기반 서비스를 생각해 볼 수 있다. 이러한 서비스의 공통점은 네트워크 효과가 강하게 작용하는 서비스, 즉 가상성이 강한 서비스이거나 가상성과 네트워크 효과를 오프라인에 결합한 서비스라는 점이다.

가상성이 강한 비즈니스, 그중에서도 SNS와 같이 네트워크 효과가 큰 경우에 고객이 빨리 늘고, 이에 맞춰서 서비스의 규모를 빨리 확장할 수 있기 때문에 단기간에 빠른 성장이 가능하다. 이런 서비스의 또 다른 특징은 앞서 설명했듯이 일단 선도기업이 형성되고 나면 그 기업을 후발기업이 따라 잡기가 쉽지 않다는 점이다.

과거의 전통적인 기업의 경쟁에서는 4P(product, place, price, promotion)로 대표되는 마케팅 활동이 중요한 역할을 한 것에 비해서 네트워크 효과가 작동하는 분야에서는 이런 활동의 영향이 상대적으로 작아진다. 그래서 ICT가 만들어내는 새로운 시장이 등장하면 경영자들은 네트워크 효과가 얼마만큼 작동하는 분야인지 판단을 하고, 회사가 선도기업인가 후발기업인가에 따라 네트워크 효과를 강화하는 혹은 약화시키는 방향으로 전략을 수립해야 할 것이다. 혹은 선도기업과 다른 서비스로 인식을 시키는 것이 중요할 수도 있다.

이 책을 쓰면서 가장 중요하게 생각한 것은 기술을 전공하지 않은 사람이라도 ICT가 어떻게 발전하고 있는지에 대해 쉽게 이해할 수 있도록 하는 것이었다. 거기에 더해서 이미 ICT를 전문 분야로 하는 사람들도 ICT의 본질과 발전방향에 대해서 생각해 볼 수 있는 조그마한 계기가 되었으면 하는 바람도 가졌다. 이 책에서 예상한 것이 모두 맞을 것이라고는 생각하지 않는다. 그래도 이 책의 독자들이 ICT를 바라보는 새로운 시각을 조금이라도 갖게 되었다면 이 책의 임무는 충분히 완수되었다고 생각한다.

참고서적

국내 서적

KT경제경영연구소, 2016 한국을 바꾸는 10가지 ICT 트렌드, 한스미디어, 2015년 12월

김기찬, 송창석, 임일, "플랫폼의 눈으로 세상을 보라" 성안당, 2015년 3월

김윤이 외 11인, 빅픽처 2016, 생각정원, 2015년 11월

노상규, 오가닉 비즈니스, Organic Media Lab, 2016년 2월

이학용외 17인, 학문연구의 동향과 쟁점, 대한민국 학술원, 2012

커넥팅랩, 모바일트렌드 2016, 미래의창, 2015년 11월

국외 서적

Ray Kurzweil, The singularity is near : When humans transcend biology, Penguin Books, 2006

보고서

Power Review, KISA Report, 한국인터넷 진흥원, 2015년 5월

고재경, 3D프린팅 기술 현황: 소재산업을 중심으로, 기술이슈, KDB산업
은행

김종대, 김나경, 온오프라인 연결하는 O2O 혁신의 가능성 열려있다,
Weekly 포커스, LG Business Insight, 2015년 4월

문종덕, 조광오, 2015 CES의 자율주행 기술동향 및 시사점, KEIT PD Is-
sue Report, 한국산업기술평가관리원, 2015년 2월

미래창조과학부, "3D프린팅 산업 발전전략," 2014

빅데이터전략센터, 빅데이터 기술분류 및 현황, 한국정보화진흥원, 2013
년 12월

신수정, "글에서 감정을 읽다" 감성 분석의 이해, IDG Tech Report, 2014

신장환, 양성진, 하일곤, 테슬라의 도전 vs. 거센 견제 전기차 혁신 빨라진
다, LGERI 리포트, 2014년 12월 10일

신재생에너지과, 2014 신재생에너지 백서, 산업통상자원부, 2014년 12월

이성호, SNS 정보홍수에서 집단지성을 꽃피우는 소셜컴퓨팅, SERI 경영노
트, 삼성경제연구소, 2012년 1월 12일

정지훈, 드론의 발전역사와 향후 시장 전망, KISA Report, 한국인터넷진흥
원, 2015년 5월

지능형 교통시스템(ITS) 구축, 한국지능형교통체계협회, 2014

차원용, 특허로 살펴보는 Apple의 Liquid Metal과 3D 프린팅, 디지에코 보

고서, 2015년 9월 24일

채승병, 정보홍수 속에서 금맥 찾기 : '빅데이터(Big Data)' 분석과 활용, SERI 경영노트, 삼성경제연구소, 2011년 2월 10일

한국정보화진흥원, 모든 것이 연결되는 새로운 창조사회 : IoT 중심의 초연결 글로벌 선진 사례, 한국 정보화 진흥원, 2014년 1월

한국콘텐츠진흥원, 모바일 AR 기술 및 산업동향, 문화기술(CT) 심층리포트, 2010년 9월

한상기, 인공지능의 현재와 미래, KISA Report, 한국인터넷진흥원, 2015년 9월

황지현, O2O, 커머스를 넘어 On-Demand Economy로, 디지에코보고서, 2015년 10월 14일

기술혁명의 안쪽을 들여다보는 통찰의 시선

4차산업혁명 인사이트

2017년 11월 5일 1판 5쇄 발행
2018년 09월 5일 1판 6쇄 발행

지은이 ㅣ 임일
펴낸이 ㅣ 이병일
펴낸곳 ㅣ **더메이커**
전　화 ㅣ 031-973-8302
팩　스 ㅣ 0504-178-8302
이메일 ㅣ tmakerpub@hanmail.net
등　록 ㅣ 제 2015-000148호(2015년 7월 15일)

ISBN ㅣ 979-11-955949-7-9 (03320)
ⓒ 임일, 2018

이 도서의 국립중앙도서관 출판예정도서목록(CIP)은 서지정보유통지원시스템 홈페이지
(http://seoji.nl.go.kr)와 국가자료공동목록시스템(http://www.nl.go.kr/kolisnet)에서
이용하실 수 있습니다. (CIP제어번호: CIP2016018651)